Dr. rer. pol. Hermann Schulz-Borck, Dir. u. Prof. a. D., Vechelde
Dr. jur. Edgar Hofmann (†), Rechtsanwalt in Stuttgart, Honorarprofessor
an der Universität Tübingen

Schadenersatz bei Ausfall von Hausfrauen und Müttern im Haushalt

mit Berechnungstabellen

6., aktualisierte Auflage

VVW
KARLSRUHE

Die Deutsche Bibliothek – CIP-Einheitsaufnahme

> **Schulz-Borck, Hermann:**
> Schadenersatz bei Ausfall von Hausfrauen und Müttern im Haushalt: mit Berechnungstabellen / Hermann Schulz-Borck ; Edgar Hofmann. –
> 6., aktualis. Aufl. – Karlsruhe : VVW, 2000
> ISBN 3-88487-894-8

Verlag Versicherungswirtschaft   Karlsruhe 2000
Satz   Satz-Schmiede Bachmann   Bietigheim
Druck   Karl Elser Druck GmbH   Mühlacker

ISBN 3-88487-894-8 6., aktualisierte Auflage
(ISBN 3-88487-668-6 5. Auflage)

Inhaltsverzeichnis

Vorwort 5

1. Einführung 7
2. Tötungsfall ohne Einstellung einer Ersatzkraft 7
    2.1 Zeitbedarf 8
        2.1.1 Normalbedarf 8
        2.1.2 Zu- und Abschläge 9
        2.1.3 Eigenversorgung der/des Haushaltführenden 9
        2.1.4 Mithilfepflicht der anspruchsberechtigten Familienmitglieder 10
        2.1.5 Zusammenfassung 11
    2.2 Bewertung der Arbeitszeit 11
        2.2.1 Einstufung 11
        2.2.2 Stundenlohn netto 14
        2.2.3 Aufteilung des Ersatzbetrages 15
    2.3 Unterhaltsersparnis 16
    2.4 Sonderfälle 17
        2.4.1 Auflösung des gemeinsamen Haushalts 17
        2.4.2 Verwandtenhilfe 17
        2.4.3 Fremde Pflegefamilie 17
        2.4.4 Heimunterbringung 18
        2.4.5 Vollwaisen 18

3. Verletzungsfall ohne Einstellung einer Ersatzkraft 18
    3.1 Zeitweiliger oder dauernder völliger Ausfall 18
        3.1.1 Einstufung 19
        3.1.2 Möglichkeiten der Schadensminderung 19
    3.2 Teilweiser Ausfall 19
        3.2.1 Erwerbsminderung im einzelnen Fall 19
        3.2.2 Bewertung nach Erfahrungssätzen 19
    3.3 Bewertung 20

4. Einstellung einer Ersatzkraft 20
5. Rechtsübergang, Dauer der Rente, prozessuale Fragen 21
6. Nichteheliche Lebensgemeinschaft 22
7. Schlusswort 23

Anhang

Tabelle 1:	Arbeitszeitbedarf in Haushalten bis 6 Personen in Std./Woche bei vier Anspruchsstufen (Verhaltensalternativen)	25
Tabelle 1 a:	Unterstellungen zur Ermittlung des Arbeitszeitbedarfs	26
Tabelle 2:	Zu- und Abschläge in Std./Woche (Arbeitszeitbedarf)	27
Tabelle 3:	Eingruppierung für Ersatzkräfte	28
Tabelle 4:	Fragebogen zur Schadensermittlung	28
Tabelle 4 a:	Fragebogen, Anlage 1: Angaben bei teilweisem Ausfall	31
Tabelle 4 b:	Fragebogen, Anlage 2: Angaben bei völligem Ausfall	32
Tabelle 4 c:	Fragebogen, Anlage 3: Aufstellung der fixen Ausgaben/Kosten	35
Tabelle 5 :	Monatsvergütungen bei Wochenarbeitszeiten von 1 – 70 Stunden in den Vergütungsgruppen BAT X – IV a	36
Tabelle 5 a:	Monatsvergütungen bei Wochenarbeitszeiten von 39 – 70 Stunden in den Vergütungsgruppen BAT X – IVa (Berechnungen mit Überstundenvergütungen)	42
Tabelle 5 b:	Monatsvergütungen bei Wochenarbeitszeiten von 1 – 70 Stunden in den Vergütungsgruppen BAT-O X – IVa	45
Tabelle 5 c:	Monatsvergütungen bei Wochenarbeitszeiten von 41 – 70 Stunden in den Vergütungsgruppen BAT-O X – IVa (Berechnungen mit Überstundenvergütungen)	51
Tabelle 6:	Konkrete Behinderung (Ausfall) der Hausfrau in den Tätigkeitsbereichen der Hausarbeit bei ausgewählten Verletzungen	54
Tabelle 6 a:	Konkrete Behinderung (Ausfall) der Frau in der Hausarbeit bei ausgewählten Verletzungen in v.H. in verschiedenen Haushaltsgrößen und -typen (Rechenwerte)	57

Tabelle 7:	Tabelle der Grundvergütungen (BAT)	59
Tabelle 7 a:	Tabelle der Grundvergütungen (BAT-O)	60
Tabelle 8:	Arbeitszeitaufwand im Haushalt in Std./Woche insgesamt und seine Verteilung auf die Haushaltspersonen absolut und in v. H.	61
Tabelle 9:	Verteilung der Hausarbeitszeit der (Ehe)frau auf die Tätigkeitsbereiche in verschiedenen Haushaltstypen in v. H.	62
Tabelle 10:	Tägliche Zeitverwendung der Haushaltsangehörigen	63
Tabelle 11:	Rechentabelle: Totalausfall in der Haushaltsführung (Anspruch Dritter)	65
Tabelle 12:	Rechentabelle: Teil-/Totalausfall in der Haushaltsführung (Eigener Anspruch)	66

Vorwort

Die im Jahre 1997 erschienene 5. Auflage unserer Schrift ist vergriffen. Die ersten Vorbesprechungen für eine weitere Auflage waren verabredet, als – nicht nur für mich – völlig unerwartet die Nachricht vom Ableben meines Mitautors, Prof. Dr. Edgar Hofmann, eintraf. Eine über 20 Jahre bestehende stets anregende Zusammenarbeit hat damit ein plötzliches Ende gefunden. Die entstandene Lücke ist selbstverständlich nur schwer und vor allem nicht kurzfristig zu schließen.

Mit der Witwe des Verstorbenen, Frau Ass. Hannelore Hofmann, Justiziarin a. D., habe ich verabredet, zunächst nur eine aktualisierte Auflage zu erarbeiten. Frau Hofmann hat sich dankenswerter Weise bereit erklärt, sich des juristischen Teiles anzunehmen und insbesondere zwischenzeitlich festgestellte Fehler in den Nachweisen der juristischen Literatur zu korrigieren.

Soweit es den Bewertungsteil angeht, sind einige Tabellen überarbeitet worden und einige weitere Tabellen eingefügt worden.

Beibehalten werden soll nach wie vor die zusätzliche Veröffentlichung der Vergütungstabellen jeweils nach Tarifabschlüssen.

Mit dem Verlag hoffe ich – auch im Andenken an den Verstorbenen –, dass die jetzt vorgelegte Auflage den gleichen Anklang findet wie die vorhergehenden. Anregungen, Kritiken und gegebenenfalls Korrekturhinweise sind erwünscht.

Vechelde, im Juli 2000

Dr. Hermann Schulz-Borck, Dir. u. Prof. a. D.

1. Einführung

Die Erfassung und Bewertung des sog. Betreuungsschadens nach Verletzung oder Tötung des im Haushalt und in der Betreuung und Erziehung der Kinder tätigen Ehegatten war bereits zweimal (1977, 1989) Gegenstand der Beratungen und Beschlussfassung des Deutschen Verkehrsgerichtstages in Goslar. Die rechtliche Einordnung des Schadens und die Grundzüge seiner Bewertung können inzwischen als durch die Rechtsprechung geklärt gelten, jedoch bleibt nach wie vor eine Reihe offener Fragen.

Nach inzwischen unbestrittener Auffassung ist der – fremdverschuldete – verletzungsbedingte Ausfall der vor dem Unfall tatsächlich erbrachten Arbeitsleistung als Erwerbsschaden anzusehen, soweit er die Betreuung von Angehörigen betrifft. Mehrbedarf ist dagegen der Teil des Haushaltsführungsschadens, der zur eigenen Versorgung der/des Verletzten diente. Im Tötungsfall ist der Betreuungsschaden nach ebenfalls einhelliger Meinung nur in den Grenzen des Schadenersatzes für entgangenen Unterhalt zu ersetzen, d. h. der Höhe nach im Umfang geschuldeter Tätigkeit. Dies hat zur Folge, dass der auf die/den Getötete(n) selbst entfallende Anteil aus der notwendigen Arbeitszeit herausgerechnet und dass regelmäßig gesetzlich geschuldete Mithilfepflichten von Angehörigen in Abzug gebracht werden müssen, ferner dass der überlebende Ehegatte sich auf seinen Schadenersatzanspruch den Wegfall der eigenen Barunterhaltspflicht gegenüber dem Getöteten anrechnen lassen muss, weil dadurch sein Schaden teilweise wieder aufgewogen wird.

Es gibt zwei anerkannte Berechnungsmethoden für den Schadenersatzanspruch: Die konkrete Berechnung anhand tatsächlich erbrachter Aufwendungen für Ersatzkräfte nach dem Schadensereignis, wobei diese Aufwendungen in der besonderen Lage des Geschädigten erforderlich gewesen sein müssen und die fiktive oder normative Berechnung, wenn solche Aufwendungen nicht vorgenommen wurden, weil entweder der/die Geschädigte ohne fremde Hilfe ausgekommen ist oder weil dritte Personen unentgeltlich tätig wurden, was den Schädiger nach dem Grundsatz des § 843 Abs. 4 BGB nicht entlasten darf.

Der weitere Gang der Berechnung ist lediglich in seinen Elementen vorgegeben. Es bleibt ein weiter Raum für eine zutreffende Bewertung (§ 287 ZPO).

Der Zeitbedarf für die ausgefallenen Tätigkeiten wird zunächst durch die Haushaltsgröße und den Lebenszuschnitt bestimmt und in zweiter Linie durch Absprachen der Partner über die Aufteilung von Berufstätigkeit und Betreuung, wobei es im Verletzungsfall auf die tatsächliche Handhabung und im Tötungsfall auf den Umfang der rechtlichen Verpflichtung ankommt, aber stets auch auf die Erforderlichkeit nach objektiven Maßstäben. Im Tötungsfall sind der Zeitbedarf für die Eigenversorgung der/des Getöteten und die rechtlich geschuldete Mithilfe anspruchsberechtigter Angehöriger herauszurechnen. Im Verletzungsfall muss die konkrete („haushaltsspezifische") Behinderung berücksichtigt werden, da ein Rückgriff auf abstrakte Erwerbsminderungsgrade bei einem Erwerbs- oder Mehrbedarfsschaden nicht statthaft ist. Hierbei kann nicht übersehen werden, dass im Haushalt – anders als im Erwerbsbereich – im Falle einer Behinderung nur selten die Möglichkeit besteht, die Arbeitskraft nur noch dort einzusetzen, wo sich die Behinderung am wenigsten auswirkt. Insofern kann sich eine Behinderung im betroffenen Haushalt sehr oft stärker auswirken als auf dem allgemeinen Arbeitsmarkt. Auf der anderen Seite sind geringe verbliebene Arbeitsfähigkeiten u. U. im Haushalt noch eher einsetzbar als im Erwerbsbereich. Dies alles kann ohne die Orientierung an gesicherten Erfahrungswerten nicht geleistet werden.

Schwierig ist – in der Rechtsprechung – auch die Bewertung des ermittelten ersatzfähigen Zeitbedarfs mit einem Entgelt. Als Hilfe sind die im Anhang veröffentlichten Tabellen anzusehen, die Stundenlöhne für unterschiedlich qualifizierte Ersatzkräfte angeben. Dabei sind Vorgaben für unterschiedliche Schadenmuster einzuhalten; denn es ist z. B. ein Unterschied, ob ein(e) Verletzte(r) eine Ersatzkraft noch anleiten und beaufsichtigen kann oder ob die haushaltführende Person vollständig ausfällt.

Diese Berechnungsfragen sind das Feld, auf dem die mit der vorliegenden Schrift angebotenen Tabellen ihre Wirkung als Schätzungsgrundlage entfalten. Diese Tabellen haben bereits Eingang in die Rechtsprechung gefunden. Sie tragen dazu bei, den Einzelfall sachgerecht einzuordnen und die Höhe der jeweiligen Schadenersatzrenten in ein angemessenes Verhältnis zu bringen. Letztlich wird dadurch die Praxis der Gerichte und der außergerichtlichen Regulierung auch für die Betroffenen durchschaubarer gemacht.

Im Folgenden wird die Ableitung und die Anwendung der Tabellen auf der Grundlage der Rechtsprechung erläutert.

2. Tötungsfall ohne Einstellung einer Ersatzkraft

Der Unterhaltsschaden (§§ 844 Abs. 2 BGB, 10 Abs. 2 StVG) der anspruchsberechtigten Hinterbliebenen errechnet sich aus dem Zeitbedarf der rechtlich geschuldeten Leistung für die Führung des konkreten Haushalts, vermindert um den auf die Eigenversorgung der/des Haushaltführenden entfallenden Anteil und die etwaige Mitarbeitspflicht der Anspruchssteller, der mit dem Lohn einer vergleichbaren Ersatzkraft[1] zu bewerten ist. Dieser rechnerische Betrag ist um den weggefallenen Barunterhaltsbeitrag zu kürzen, den der überlebende Ehegatte für den/die Getötete(n) zu leisten hatte. In der praktischen Gutachtertätigkeit ist bisher so verfahren worden, dass Angaben über eventuell aus dem Ausfall der/des Haushaltführenden resultierende Ersparnisse gemacht wurden.

---

[1] BGH vom 13. 7. 1971, VersR 71, 1065 = NJW 71, 2066; ferner BGH vom 10. 4. 1979, VersR 79, 670 = NJW 79, 1501.

Diese „personengebundenen" Ausgaben wurden aus den Sozialversicherungstabellen (Sachbezugswerte für Beköstigung und Wohnung) bzw. aus den Ergebnissen der amtlichen Statistik (Wirtschaftsrechnungen, Einkommens- und Verbrauchsstichproben) abgeleitet[2]. Die Rechtsprechung verlangt jedoch darüber hinaus auch die Berücksichtigung aller unterhaltsrechtlich relevanten Bedürfnisse mit den daraus resultierenden Ersparnissen. Hierzu wird im Einzelnen auf die Ausführungen unter 2.3 verwiesen.

Mehrere Anspruchsberechtigte sind nach der Rechtsprechung Teilgläubiger[3], sodass für jeden von ihnen der Unterhaltsschaden getrennt festzustellen ist. Für die praktische Handhabung bietet sich dabei der Weg an, den Unterhaltsschaden zunächst für alle Anspruchssteller gemeinsam zu ermitteln und ihn anschließend auf sie aufzuteilen. Dies gilt jedenfalls für den Regelfall, dass der überlebende Ehegatte mit der/den Halbwaise(n) einen gemeinsamen Haushalt fortführt. Davon wird im Folgenden ausgegangen. Über die Auflösung des Haushaltes der Hinterbliebenen und über Vollwaisen siehe 2.4 (Sonderfälle).

2.1 Zeitbedarf

Es handelt sich um die Ermittlung der Arbeitszeit, die für die gesetzlich geschuldete Haushaltsführung erforderlich ist. Diese Arbeitszeit wird durch die Anzahl der Familienmitglieder, das Alter der Kinder, durch die Größe und Ausstattung der Wohnung sowie sehr wesentlich durch den allgemeinen Lebenszuschnitt der Familie bestimmt. Es werden vier Anspruchsstufen (Verhaltensalternativen) unterschieden, die mit einfach, mittel, gehoben und hoch bezeichnet werden. Aus diesen Bezugspunkten ergibt sich ein „Normalbedarf", der durch Zu- und Abschläge dem konkreten Einzelfall anzupassen ist. Zuschläge können sich z. B. aus der Betreuung von Kleinkindern, aus einer größeren Wohnfläche, aus dem Vorhandensein eines Gartens oder aus einem Arbeitszeitbedarf für die Bedienung der Wohnungsheizung ergeben; Abschläge können aus der vorhandenen Technisierung des Haushaltes resultieren[4].

Von dem so ermittelten Zeitbedarf wird im Tötungsfall von der Rechtsprechung ein Abzug für die weggefallene Eigenversorgung der/des Haushaltführenden vorgenommen[5]. Ein weiterer Abzug ist gegebenenfalls erforderlich für die von dem hinterbliebenen Ehegatten und/oder den haushaltsangehörigen Kindern geschuldete Mitarbeit[6].

Im Folgenden sollen die aufgezählten Komponenten des Zeitbedarfes erläutert werden.

2.1.1 Normalbedarf

Als Grundlage für die Feststellung der in privaten Haushalten anfallenden Arbeitsstunden stehen aus Zeitverwendungsuntersuchungen gewonnene Ergebnisse (Ist-Zeiten) und aus Arbeitsstudien ermittelte Ergebnisse (Soll-, Bedarfszeiten) zur Verfügung. Für den Tötungsfall, in dem auf rechtlich geschuldete Leistungen abgestellt werden soll, bietet sich die Heranziehung der Bedarfszeiten an, um auf diese Weise persönliche Gegebenheiten auszuschalten. Für die praktische Regulierung ist allerdings zu sagen, dass die exakte Ermittlung des Zeitbedarfs im konkreten Fall sehr aufwändig ist. Darüber hinaus liegen Sollzeiten nicht für alle Bereiche des Haushalts vor, und sie lassen auch keine durchgehende Zuteilung auf einzelne Haushaltspersonen zu. Die auf die haushaltführende Person entfallenden Anteile können nur indirekt aus dem ermittelten Bedarf festgelegt werden. Weiterhin besteht keine Möglichkeit, eine evtl. Erwerbstätigkeit der/des Haushaltführenden in ihrem Einfluss auf den Zeitbedarf zu berücksichtigen. Hier kann bestenfalls eine Umrechnung bei Unterstellung einer evtl. höheren Technisierung oder einer anderen Verhaltensalternative (z. B. erhöhte Vergaben, vermehrter Einsatz von Fertigprodukten) erfolgen.

Für die Bewertung der erforderlichen Arbeitszeit in der Arbeit der Gerichte und in der Regulierungspraxis bietet es sich somit an, die vorliegenden Aufwands- und Bedarfszeiten in einer Tabelle zu kombinieren, die die aus den verschiedenen Verhaltensalternativen resultierenden unterschiedlichen Zeitbedarfe ausweist[7]. Dieses Verfahren ist vom BGH akzeptiert[8], wobei der BGH betont, dass Abweichungen hiervon auf Grund besonderer Umstände begründet werden müssen[9].

---

2 Vgl. z. B. Schulz-Borck, Hermann, unter Mitarb. von Bernd Grimmer: Wert und Bewertung der Arbeit von Hausfrauen und Müttern. Grundlage zur Schadensbemessung bei durch Verschulden Dritter verursachtem Ausfall im Haushalt. – München 1978, S. 48 f.

3 BGH vom 23. 11. 1971, VersR 72, 176 = NJW 72, 251 (255) vom 14. 3. 1972, VersR 72, 743 = NJW 72, 1130; vom 17. 10. 1972, VersR 1973, 84 = NJW 72, 1130.

4 Vgl. im Einzelnen Schulz-Borck, H. unter Mitarb. von B. Grimmer: Wert und Bewertung usw., a. a. O. (Fn. 2) S. 90 ff. Vgl. auch: Datensammlung für die Kalkulation der Kosten und des Arbeitszeitbedarfs im Haushalt. Bearb. U. Betz (u. a.) 4. Aufl. Hrsg. KTBL, Darmstadt. Münster-Hiltrup 1991. Vgl. Schulz-Borck, H.: Einsatz der KTBL-Datensammlung ‚Haushalt' für Gutachten zur Schadensbewertung bei Ausfall der Hausfrau. In: Nutzungsmöglichkeiten der KTBL-Datensammlung Haushalt. Münster-Hiltrup 1991, S. 129 ff. Vgl. weiterhin: Datensammlung: Raumreinigung und Raumpflege. Bearb.: H. Funke (u. a.) Hrsg. KTBL, Darmstadt. Münster-Hiltrup 1997. Datensammlung: Wäschereinigung und Wäschepflege. Bearb.: H. Funke (u. a.) Hrsg. KTBL, Darmstadt. Münster-Hiltrup 1996. Datensammlung: Verpflegung und Service. S. Gerhard (u. a.) Hrsg. KTBL, Darmstadt. Münster-Hiltrup (1998).

5 BGH vom 13. 7. 1971, VersR 71, 1065 = NJW 71, 2066; BGH vom 8. 6. 1982, VersR 82, 951 = NJW 82, 2866 = DAR 82, 323; Hofmann, VersR 81, 338. Schulz-Borck hält den Abzug nur dann für gerechtfertigt, wenn keine Ersatzkraft eingestellt wird. Erfolgt dagegen eine Einstellung, dann ist beispielsweise die gewährte Verpflegung Lohnbestandteil. Es erscheint ihm wenig plausibel – und auch kaum praktikabel –, wenn die Zeitanteile für die Zubereitung der Mahlzeiten, die gegebenenfalls auf die Ersatzkraft entfallen, in Abzug gebracht werden.

6 BGH vom 13. 7. 1971, VersR 71, 1043 = NJW 71, 2066; vom 14. 3. 1972, VersR 72, 743 = NJW 72, 1130; vom 2. 5. 1972, VersR 72, 948 = NJW 72, 1716; vom 17. 10. 1972, VersR 73, 84 = NJW 72, 1130; vom 12. 6. 1973, VersR 73, 939; vom 10. 7. 1973, VersR 74, 32. Vgl. auch BGH, Urteil vom 29. 3. 1988, BGHZ 104, 113 = VersR 88, 490 = NJW, 88, 1783.

7 Datensammlung für die Kalkulation der Kosten und des Arbeitszeitbedarfs im Haushalt . . . Siehe Fn. 4.

8 BGH vom 10. 4. 1979, VersR 79, 670 = NJW 79, 1501; BGH vom 8. 6. 1982, VersR 82, 951(952) = NJW 82, 2864 = DAR 82, 323; BGH vom 11. 10. 1983, VersR 84, 79 = VRS 66, 106; BGH vom 29. 3. 1988, BGHZ 104, 33 = VersR 88, 490 = NJW 88, 1783 = NZV 88, 60.

9 Siehe Fn. 8.

Für die Festlegung eines nach der Anzahl der Haushaltsangehörigen gestaffelten Arbeitszeitbedarfs müssen bestimmte Unterstellungen gemacht werden, die in der überwiegenden Anzahl der zu beurteilenden Einzelsachverhalte regelmäßig auftreten, etwa hinsichtlich der Wohnungsgröße, des Vorhandenseins einer Zentralheizung, einer Waschmaschine, über das Verfahren beim Geschirrspülen (von Hand, mit einer Maschine), die Anzahl der täglich im Haushalt zuzubereitenden Mahlzeiten usw.

Der Zeitbedarf ist aber auch von dem aus dem Lebensstandard resultierenden Anspruch (§ 844 Abs. 2 BGB) der unterhaltsberechtigten Hinterbliebenen abhängig. Dementsprechend sind Verhaltensalternativen mit verschieden hohem Arbeitszeitbedarf zu berücksichtigen, der sich z. B. aus der Abwechslung im Speisenplan, der Anzahl und der Art der Speisen, dem Aufwand beim Garnieren der Speisen und beim Tischdecken, aus der verwendeten Geschirrmenge, aber auch aus der Häufigkeit der Wohnungsreinigung – um nur einige Punkte zu nennen – ergibt.

Die Tabelle 1 (im Anhang) gibt den nach der kombinierten Methode (Aufwands- und Bedarfszeiten) ermittelten Arbeitszeitbedarf in Haushalten bis zu 6 Personen in Wochenstunden für vier Verhaltensalternativen (Anspruchsstufen) an. Im Allgemeinen wird von einer der mittleren Alternativen auszugehen sein, jedoch besteht kein Regel-Ausnahme-Verhältnis in der Weise, dass der Anspruchsteller etwa die Voraussetzungen einer Abweichung vom Normalfall zu begründen und zu beweisen hätte[10].

2.1.2 Zu- und Abschläge

Bei einer Auslagerung von Haushaltsarbeiten (z. B. Ausgeben der Wäsche in eine Wäscherei), ferner bei Einsatz einer Putzhilfe schon vor dem Schadenereignis oder bei einer Voll- oder Teilerwerbstätigkeit der/des Haushaltführenden sind von den ermittelten Zahlen für den Zeitbedarf Abschläge erforderlich. Das gilt auch bei Abweichungen in der Technisierung. So bedeutet z. B. der Einsatz einer Geschirrspülmaschine im Vergleich zum Handspülen bei einem Durchschnittshaushalt mit vier Personen eine Zeitersparnis von einer knappen Std./Woche.

Weichen die Verhältnisse im konkreten Fall von den Unterstellungen für den Normalfall ab, dann sind gegebenenfalls entsprechende Zuschläge zu machen. Beispiele sind etwa größere Wohnräume, eine zeitaufwändige Heizung (Einzelöfen, feste Brennstoffe), Zubereitung einer zusätzlichen Mahlzeit oder einer weiteren warmen Mahlzeit am Abend. Erhebliche Zuschläge sind stets für die Betreuung von Kleinkindern in den ersten Lebensjahren erforderlich. Etwa im Alter zwischen 5 und 7 Jahren kann eine Pauschale von 2 Stunden pro Tag als zusätzlicher Bedarf angemessen erscheinen[11]. Zuschläge für die Pflege alter und/oder kranker Haushaltspersonen, für Repräsentation müssen im Einzelfall ermittelt werden.

Die Tabelle 2 im Anhang gibt die wichtigsten Zu- und Abschläge nach Wochenstunden für vier Verhaltensalternativen (Anspruchsstufen) an. Durch die so mögliche leichte „Feinabstimmung" soll erreicht werden, dass die Pauschalierung des Arbeitszeitbedarfs in Grenzen bleibt. (Für die Ermittlung des Zeitbedarfes im Einzelfall ist eine Datenerfassung auf der Grundlage der Tabelle 4 b [Anhang] erforderlich.)

2.1.3 Eigenversorgung der/des Haushaltführenden

Der rechtliche Ausgangspunkt der §§ 844 Abs. 2 BGB, 10 Abs. 2 StVG ergibt klar, dass die unterhaltsberechtigten Angehörigen der/des getöteten Haushaltführenden nur Anspruch auf Ersatz der ihnen geschuldeten Haushaltführung haben, mithin nicht auf Ersatz des Zeitbedarfs, der auf die Eigenversorgung der/des Getöteten entfiel. Der BGH[12] argumentiert anders: Der von den Hinterbliebenen in ihren Haushalt aufgenommenen Ersatzkraft stünde für ihre eigene Versorgung ebenso wenig ein Lohn- oder Gehaltsanspruch zu wie jedem Arbeitnehmer, der diese Leistung in seiner Freizeit erbringen müsse. Diese Generalisierung erscheint problematisch. Es lassen sich in der Erwerbswirtschaft durchaus Fälle nachweisen, in denen Arbeitnehmern die Ergebnisse ihrer Arbeit zugute kommen, ohne dass deshalb Lohnabzüge vorgenommen werden. Daher verdient die Betrachtung den Vorzug, die auf die Anspruchsgrenze in den §§ 844 Abs. 2, 10 StVG abstellt.

Für die Aussonderung des Zeitbedarfs der Eigenversorgung bzw. seine rechnerische Erfassung hat die Rechtsprechung bislang kein praktisches Konzept entwickelt.

Keinesfalls kann die vor dem Unfall für die Führung des Haushalts erforderlich gewesene Arbeitszeit durch die Kopfzahl der Familie dividiert und danach der auf die getötete haushaltführende Person entfallende Kopfanteil voll in Abzug gebracht werden, weil ein erheblicher Anteil des Zeitbedarfes nicht „personenabhängig" ist. So geht z. B. bei einem 4-Personen-Haushalt in der Anspruchsstufe 3 der Zeitbedarf nach Wegfall der/des Haushaltführenden von 71,3 Stunden auf 65,6 Stunden je Woche zurück, also lediglich um 5,7 Stunden[13].

---

10 Ebenso Scheffen, E., F. Pardey: Die Rechtsprechung des BGH zum Schadensersatz beim Tod einer Hausfrau und Mutter. 2., neu bearb. u. erw. Aufl. – Heidelberg 1986, S. 13 und Scheffen/Pardey: Die Rechtsprechung des BGH zum Schadensersatz beim Ausfall von Haushaltsführung und Bareinkommen (§§ 842 – 844). 3., völlig neu bearb. u. erw. Aufl. – Heidelberg 1994, S. 71 f.

11 BGH vom 8. 6. 1982, siehe Fn. 5.

12 Siehe Fn. 5.

13 Siehe Tabelle 1 im Anhang. – Die von Ludwig in diesem Zusammenhang geäußerte Vermutung, „dass die von Schulz-Borck/Hofmann erarbeitete Tabelle bei den Werten für die reduzierten Haushaltsgrößen den personenabhängigen Arbeitszeitbedarf zu Lasten des flächenabhängigen Arbeitszeitbedarfs stark überbewertet", ist nicht stichhaltig. Die in der kritisierten Tabelle 1 ausgewiesenen Werte müssen für jede Haushaltsgröße isoliert betrachtet werden, da jeweils andere Grundannahmen unterstellt sind. Der Vorschlag, „für den reduzierten Haushalt einen Mittelwert zwischen dem ursprünglichen und dem nunmehr um 1 Person verminderten Haushalt anzunehmen", muss daher zu einem falschen Wert führen. – Vgl. Ludwig: Die Unzulänglichkeit des Schadensersatzes beim Ausfall einer Hausfrau und Mutter. – In: DAR 1986, 379.

Aus diesem Grund sind in die Tabelle 1 in die einzelnen Haushaltsgrößen neben dem Zeitbedarf für die ursprüngliche Personenzahl zugleich die um eine Person reduzierten Werte eingearbeitet worden, und zwar unter der Bezeichnung „reduzierter X-Personen-Haushalt". Dabei sind nur die personenabhängigen Zeiten in Abzug gebracht worden. Der BGH hat diesen Weg ausdrücklich gebilligt[14].

2.1.4 Mithilfepflicht der anspruchsberechtigten Familienmitglieder

Die Wertung des zeitlichen Umfangs der Mithilfepflicht des Ehegatten und der haushaltsangehörigen Kinder ist kein tatsächliches, durch Aufwandsuntersuchungen zu bewältigendes Problem, sondern eine Rechtsfrage, da sich im Umfang der geschuldeten Mitarbeit der Anspruch der Angehörigen vermindert. In dieser Höhe war die Haushaltstätigkeit von dem/der Getöteten von vornherein nicht geschuldet, ohne dass es rechtlich darauf ankommen kann, wie vor dem Unfall die tatsächliche Handhabung zwischen den Familienmitgliedern war. Die Ehepartner haben zwar Spielraum für eine freie Gestaltung, jedoch ist ein offensichtliches Missverhältnis vom Gericht zu korrigieren. Das Korrelat für die rechtlich geschuldete Mithilfepflicht der Angehörigen ist der Schadensersatzanspruch der/des Haushaltführenden nach §§ 844 Abs. 2 BGB, 10 Abs. 2 StVG, falls der Mithilfepflichtige getötet wird[15].

Aus diesen Gründen wird davon abgesehen, die Mithilfeverpflichtung der Angehörigen in Form einer Tabelle zu erfassen. Es lassen sich aber die folgenden Grundsätze aufstellen:

Eine rechtliche Verpflichtung zur Mithilfe für Kinder (§ 1619 BGB)[16] unter 12 Jahren[17] wird man nicht annehmen können. Zwar mag es Fälle geben, in denen unterhalb dieser Altersgrenzen von Kindern ernst zu nehmende Arbeiten im Haushalt regelmäßig geleistet werden, doch kann dies, zumal aus heutiger Sicht nicht als Ausdruck eines Gewohnheitsrechtes verstanden werden. Auch dürfte der Spieltrieb in dieser Altersstufe noch so groß sein, dass die von den Schularbeiten nicht in Anspruch genommene Freizeit der Kinder nicht mit einer rechtlichen Verpflichtung eingeengt werden darf, bestimmte Mindestarbeitszeiten im Haushalt abzuleisten. Jenseits dieser Altersgrenze aber müssen die Kinder als verpflichtet angesehen werden, im Haushalt zu helfen. Es kann dabei aber nicht nach Altersstufen oder nach der Art der Ausbildung differenziert werden. Mit dem Heranwachsen der Kinder nehmen auch die Aufgaben in der Schule und am Ausbildungsplatz zu, ohne dass es andererseits gerechtfertigt wäre, eine Mithilfepflicht aus diesem Grunde ganz wegfallen zu lassen. Es wird daher vorgeschlagen, für Kinder ab 12 Jahren von in der Regel bis 7 Wochenstunden zu unterstellen, und zwar gleichmäßig für alle Verhaltensalternativen (Anspruchsstufen).

Eine Differenzierung erscheint auf jeden Fall dort notwendig, wo das heranwachsende Kind als Auszubildender (bzw. Schüler, Studierender) eine der vollen Erwerbstätigkeit gleichzustellende Arbeitszeit im Beruf aufwenden muss und für den anspruchsberechtigten Ehegatten keine Mithilfepflicht im Haushalt besteht, weil der/die Haushaltführende selbst nicht erwerbstätig ist. Hier würde es gegen den Gleichbehandlungsgrundsatz verstoßen, wollte man eine rechtliche Verpflichtung des heranwachsenden Kindes zur Mithilfe im Haushalt annehmen.

Die Mithilfepflicht des Ehegatten ist bei Erwerbstätigkeit der/des Haushaltführenden oder nach seinem eigenen Eintritt in den Ruhestand am stärksten, nämlich der Pflicht zur Haushaltsführung gleichzustellen. Nach dem modernen Leitbild der Ehe ist die traditionelle Rollenverteilung abzulehnen, die der Hausfrau – ohne Rücksicht auf die zeitliche Belastung der Partner – einen größeren Anteil an der Bewältigung der Aufgaben im Haushalt zuweist. Grundsätzlich überlässt das Gesetz die Verteilung der Hausarbeit der einvernehmlichen Regelung durch die Eheleute. Eine strenge hälftige Teilung wird dabei nicht gefordert. Selbst in einer Doppelverdienerehe wird diese Teilung, die dann bei Ausfall der Hausfrau die Entstehung eines Schadens verneinte, nicht mehr aufrecht erhalten[18].

Bei einer Teilerwerbstätigkeit der/des Haushaltführenden wird die Mithilfeverpflichtung des Ehegatten mit etwa 25 % des Arbeitszeitbedarfs anzunehmen sein.

Stets ist in der Reihenfolge zunächst die – nach Wochenstunden bemessene – Mithilfepflicht der Kinder und dann erst (vom verbleibenden Zeitbedarf) der prozentuale Anteil der Mithilfepflicht des Ehegatten zu kürzen.

In der Regel liegt keine Mithilfepflicht des erwerbstätigen Ehegatten vor, wenn der/die Haushaltführende nicht erwerbstätig, aber auch nicht durch Krankheit oder Alter an der vollen Wahrnehmung ihrer/seiner Aufgaben gehindert ist.

Die Rechtsprechung hat die Mithilfepflicht der haushaltsangehörigen Kinder[19] und des Ehegatten

---

14 BGH vom 8. 6. 1982, siehe Fn. 5; BGH vom 11. 10. 1983, VersR 84, 79 = VRS 66, 106; OLG Hamburg vom 20. 11. 1987, VersR 88, 135. Vgl. auch Küppersbusch, G.: Ersatzansprüche bei Personenschaden. Eine praxisbezogene Anleitung. 6., völlig neu bearb. Aufl. des von W. Wussow begr. Werkes. München 1996. (Schriftenreihe d. Neuen Juristischen Wochenschrift; H. 5) Rn 263, Fn. 131.

15 OLG Bamberg vom 12. 10. 1976, VersR 77, 724.

16 BGH vom 24. 4. 1990, VersR 90, 907 = NJW – RR 90, 962 = NZV 90, 307 = DAR 90, 296; OLG München vom 14. 8. 1981, VersR 82, 376.

17 In der Regel ab dem 14. Lebensjahr: BGH vom 24. 4. 1990, siehe Fn. 16; ab dem 15. Lebensjahr: OLG Stuttgart vom 3. 11. 1976, VersR 78, 652; ab dem 14. Lebensjahr: OLG München vom 10. 6. 1976, VersR 77, 551; ab dem 12. Lebensjahr: OLG Hamburg vom 20. 11. 1987, VersR 88, 135 u. OLG Stuttgart vom 10. 11. 1992, VersR 93, 1536. – Vgl. zur Mithilfe von Kindern im Alter von 12 bis unter 16 Jahren: Die Zeitverwendung der Bevölkerung . . . Bd. II, S. 43. (Zu den bibliographischen Angaben siehe Fn. 92.)

18 BGH vom 29. 3. 1988, siehe Fn. 6. Leitsatz: „Ein Anspruch auf Schadensersatz wegen entgangener Haushaltstätigkeit besteht grundsätzlich auch dann, wenn die Ehegatten den Haushalt zu gleichen Teilen besorgt haben."

19 Siehe Fn. 16.

nach Erreichung der Pensionierungsgrenze[20] bejaht. Für die Erwerbstätigkeit der/des Haushaltführenden kann nichts anderes gelten[21]. In diesem Zusammenhang gibt Schulz-Borck allerdings zu bedenken, dass die Mithilfe der übrigen Haushaltsmitglieder auch bei Erwerbstätigkeit der/des Haushaltführenden in der Realität keinesfalls in dem Maße ansteigt, wie es von der Rechtsprechung gefordert wird. An die Rechtsprechung ist daher die Frage zu stellen, ob sie sich nicht der Realität anpassen muss.

Da die Aufgabenverteilung (Erwerbstätigkeit, Kinderbetreuung, Haushaltsführung) den Eheleuten überlassen bleibt[22], können sie auch Absprachen darüber treffen, dass der eine Teil trotz beruflicher Belastung die Haushaltsführung[23] oder die Kinderbetreuung[24] allein übernimmt, jedoch darf die Aufteilung der Pflichten nicht zu einem offensichtlichen Missverhältnis führen[25]. War danach eine bestehende Mithilfepflicht durch Vereinbarung abbedungen, so ist dies schadenrechtlich zu beachten[26]. Allerdings schuldet der überpflichtmäßig tätige Ehegatte – gewissermaßen als Ausgleich – einen geringeren Beitrag zum Barunterhalt der Familie[27], was im Schadenersatzfall ebenfalls zu beachten ist (geringerer Barunterhaltsschaden, aber auch höhere Unterhaltspflicht des überlebenden Ehegatten, die infolge des Todes nunmehr wegfällt).

2.1.5 Zusammenfassung

Der Zeitbedarf für die Bewältigung der familiengerechten Versorgung der anspruchsberechtigten Angehörigen nach dem Tod der/des Haushaltführenden ist also in folgender Weise festzustellen:

Zunächst ist von dem aus der zutreffenden Verhaltensalternative (Anspruchsstufe) resultierenden Normalbedarf eines entsprechenden Haushalts mit reduzierter Personenzahl (Verminderung um den Anteil der Eigenversorgung der/des Haushaltführenden) auszugehen und dieser durch Zu- und Abschläge der konkreten Situation anzupassen. Sodann ist eine etwaige Mithilfepflicht haushaltsangehöriger Kinder in Abzug zu bringen und der verbleibende Zeitbedarf um eine etwaige Mithilfepflicht des Ehegatten zu kürzen. Auf diese Weise ergibt sich diejenige Anzahl von wöchentlichen Arbeitsstunden für eine (fiktive) Ersatzkraft, auf die alle anspruchsberechtigten Hinterbliebenen gemeinsam Anspruch haben. Aus dem Zeitablauf resultierende Änderungen im Haushalt sind entsprechend zu berücksichtigen.

2.2 Bewertung der Arbeitszeit

Für die Feststellung des Wertes der entgangenen Unterhaltsleistung ist neben der Ermittlung des Arbeitszeitbedarfs zusätzlich die Höhe der Lohnaufwendungen von Bedeutung, die für eine „vergleichbare" Ersatzkraft zu erbringen wären. Erst die Multiplikation von Stundenzahl mit Stundenlohn ergibt den Wert der entgangenen Unterhaltsleistung, der dann gegebenenfalls noch um die weggefallene Unterhaltspflicht zu vermindern ist.

Zwei Fragen sind im Zusammenhang mit der Bewertung zu erörtern: Zum einen die der Einstufung der vergleichbaren Ersatzkraft, zum anderen die der Berücksichtigung des Ansatzes von Brutto- oder Nettolöhnen.

2.2.1 Einstufung

Es gibt verschiedene Möglichkeiten der Bewertung der Hausarbeit. Nachstehend sollen nur einige in der Bewertungspraxis zu findende Verfahren etwas ausführlicher dargestellt werden[28].

Die analytische Arbeitsbewertung geht von einer Aufgliederung der Gesamtaufgabe in einzelne Arbeitsaufgaben aus, die auf ihre jeweiligen Anforderungen für die Bewältigung analysiert werden. Über eine Quantifizierung und Gewichtung werden Teilarbeitswerte für die Arbeitsbereiche und ein Arbeitswert für den Arbeitsplatz gebildet. Dieser Arbeitswert ist dann Ausgangspunkt für die Ermittlung des sog. „anforderungsgerechten Entgeltes"[29]. Unabhängig davon, dass die Methode sehr aufwändig ist, bleibt anzumerken, dass die von der Rechtsprechung als Anhaltspunkt gesehenen „Aufwendungen für gleichwertige Ersatzkräfte" bisher nur aus Tarifen abzuleiten sind, die auf einer summarischen Bewertung beruhen.

Auf dem 27. Deutschen Verkehrsgerichtstag 1989 ist ein weiteres analytisches Verfahren vorgestellt worden[30]. Dabei wird allgemein festgestellt, „daß der Bewertungsansatz, der mit dem Hohenheimer Verfahren vertreten wird, ... von der Vorausset-

---

20 BGH vom 13.7.1971, VersR 71, 1043 = NJW 71, 2066; vom 14.3.1972, VersR 72, 743 = NJW 72, 1130; vom 17.10.1972, VersR 73, 84 = NJW 72, 1130; vom 12.6.1973, VersR 73, 939 = NJW 73, 1048.
21 BGH vom 10.7.1973, VersR 74, 32; OLG Bamberg vom 12.10.1976, siehe Fn. 15.
22 BGH vom 15.3.1983, VersR 83, 688 (689) = NJW 83, 2197; BGH vom 11.10.1983, VersR 84, 79 (81) = VRS 66, 106; OLG Oldenburg vom 20.12.1982, VersR 83, 890.
23 BGH vom 11.10.1983, siehe Fn. 22; OLG Bamberg vom 16.11.1982, FamRZ 83, 914 = ZfS 83, 295. Da es sich bei der Haushaltsführung um eine höherqualifizierte Tätigkeit handelt, ist das bei der Schadensbewertung durch Einstufung der vergleichbaren Ersatzkraft in eine höhere Vergütungsgruppe zu berücksichtigen.
24 BGH vom 22.1.1985, VersR 85, 365 = NJW 85, 1460 = DAR 85, 215.
25 BGH vom 22.1.1985, siehe Fn. 24.
26 BGH vom 11.10.1983, siehe Fn. 22.
27 BGH vom 22.1.1985, siehe Fn. 24.
28 Vgl. u.a. schon den internationalen Überblick bei Goldschmidt-Clermont, L.: Unpaid work in the household. A review of the economic evaluation methods. Geneva 1982. Vgl. auch: Der Wert der Haushaltsarbeit. Begriffslexikon und Arbeitsbewertungsverfahren. Hrsg. Kurt Landau in Zusammenarbeit mit der Deutschen Gesellschaft für Hauswirtschaft. Unter Mitarbeit von H. Deist u.a. München 1990.
29 Vgl. Deist/Böhner: Arbeitsbewertung in der Hauswirtschaft. Über die Anforderungsermittlung zum anforderungsgerechten Entgelt für Tätigkeiten im Privathaushalt. München 1977. Vgl. auch: Deist, H., L. Warlimont: Die Methode der analytischen Arbeitsbewertung. In: Der Wert der Haushaltsarbeit, Fn. 28, S. 75 ff.
30 Vgl. Landau, K.: Ersatzanspruch der verletzten Hausfrau. Analytische Bewertung der Haushaltsarbeit. In: 27. Deutscher Verkehrsgerichtstag 1989. Veröffentlichung der auf dem 27. Deutschen Verkehrsgerichtstag am 26. u. 27. Januar 1989 in Goslar gehaltenen Referate und erarbeiteten Empfehlungen. Hamburg 1989, S. 207 ff.

zung aus(geht), daß eine Arbeit – gleich ob sie in Industrie, Dienstleistung oder im privaten Haushalt geleistet wird – nach einem einheitlichen Maßstab entsprechend den ‚gesicherten arbeitswissenschaftlichen Erkenntnissen' (BetrVG §§ 90, 91) beurteilt werden muß. Die Berücksichtigung der gesicherten arbeitswissenschaftlichen Erkenntnisse setzt im Regelfall eine analytische Bewertung der Arbeit voraus. Nur auf diese Weise können die menschbezogenen Anforderungen einer Tätigkeit sichtbar gemacht und einer monetären Bewertung zugeführt werden"[31]. Die Vielzahl von Branchentarifen – abgesehen von Unterschieden im Vergleich der Tarife in den alten und neuen Bundesländern – lässt bereits erkennen, dass in der Realität ganz offensichtlich auch bei gleichen Anforderungen von einem „einheitlichen Maßstab" nicht gesprochen werden kann. Ebenso wenig ist die Generalisierung haltbar, wonach nur die analytische Bewertung die Anforderungen „sichtbar" macht und eine monetäre Bewertung zulässt.

Das Verfahren selbst arbeitet mit vorgegebenen – aus Erwerbs- und Dienstleistungbereichen ermittelten – Anforderungsprofilen, die mit dem des zu bewertenden Haushalts verglichen werden. Den vorgegebenen Profilen sind die bei der Analyse gefundenen entsprechenden Durchschnittslöhne beigegeben. Diese werden dann als Entgelt für den konkreten Fall übernommen. Unabhängig von einer Reihe von Einwänden gegen dieses Verfahren[32] bleibt festzustellen, dass die ermittelten Wertansätze keine Marktlöhne für vergleichbare Ersatzkräfte darstellen. Solange es eigene Tarife für Haushaltsarbeitskräfte gibt, liegt u. E. kein Anlass vor, auf derartige „analytische" Löhne zurückzugreifen.

Anders als bei den vorgenannten Verfahren werden bei der sog. summarischen Arbeitsbewertung die Anforderungen des Arbeitsplatzes als Ganzes gesehen. Es wird auch von einer „Ganzheitsbetrachtung" gesprochen. Das Ergebnis wird meist als Lohn-, Vergütungs- oder Gehaltsgruppe ausgewiesen. Dabei können sich in den Gruppenbeschreibungen spezielle Hinweise z. B. auf besondere Fertigkeiten finden, die zur Erfüllung der jeweiligen Aufgabe als Ganzes erforderlich sind. Den Weg nach Unterscheidung von Lohn- bzw. Vergütungsgruppen wählt auch die Rechtsprechung bei der Bewertung ausgefallener Arbeitsstunden im Haushalt[33]. Dabei wird für die Einstufung der vergleichbaren Ersatzkräfte der Bundesangestelltentarif (BAT) herangezogen. Die für diese Berufe relevanten Vergütungsgruppen reichen von der untersten Gruppe X bis zur Vergütungsgruppe IV. Hierzu ist zu bemerken, dass die Vergütungsgruppe X praktisch nicht mehr besetzt wird. Als unterste Gruppe wird daher zunehmend BAT IXb anzunehmen sein.

Eine Verknüpfung analytischer und summarischer Ansätze ist in einem weiteren Verfahren zu sehen, bei dem die Tätigkeit im Haushalt in Einzelaufgaben zerlegt wird, die entsprechend den Zeitanteilen mit Marktlöhnen der zutreffenden Einzelberufe bewertet werden[34]. Die so ermittelten Ergebnisse stellen – abgesehen davon, dass es für Stundenbruchteile keine Arbeitskräfte und nicht für alle Haushaltstätigkeiten Marktlöhne gibt – kein real zu zahlendes Arbeitsentgelt dar. Vielmehr ergeben sich fiktive – in ihrer Ganzheit – tariflich nicht abgesicherte Löhne, bei denen für die Anspruchsberechtigten keine Gewähr bestünde, ob mit diesen Mischlöhnen tatsächlich eine entsprechende Ersatzkraft eingestellt werden kann. Somit erscheint dieser Ansatz für die Schadensbewertung letztlich nicht brauchbar. – Scheffen/Pardey stellen in diesem Zusammenhang fest: „Die summarische Bewertung über Lohn-/Vergütungsgruppen ist im Vergleich zu einer analytischen Arbeitswertermittlung mit Aufgliederung in Einzelaufgaben, anschließender Quantifizierung und Gewichtung und zu dem analytischen Hohenheimer Verfahren (Fn. 102) praxisgerechter. Die Verbindung von analytischen und summarischen Elementen (Fn. 103) bleibt zu fiktiv."[35]

Im Falle des Todes der/des Haushaltführenden lässt sich nach unserer Auffassung die Einstufung der vergleichbaren Ersatzkräfte auf die Tätigkeitsmerkmale zurückführen, die den Vergütungsgruppen VIII – VI des BAT entsprechen, wobei in Sonderfällen durchaus auch eine höhere Einstufung nach BAT V gegebenenfalls IV angemessen sein kann. Der BGH hat 1982 im Fall einer Mutter von zwei Kleinkindern in einem Haushalt mit höherem Einkommen die Einstufung in die Vergütungsgruppe Vc mit einem Fragezeichen versehen und ausgeführt, der Aufgabenbereich einer Hausfrau und Mutter sei zwar sehr vielseitig und verantwortungsvoll, er erfordere jedoch im Allgemeinen nicht eine so umfangreiche Ausbildung, wie sie den Tätigkeitsmerkmalen einer nach BAT Vc bezahlten Ersatzkraft entspricht[36]. Die Hervorhebung nur der Ausbildung erscheint problematisch; denn – nicht nur – der BAT lässt eine entsprechende Einstufung auch für Angestellte zu, die die Tätigkeiten auf Grund gleichwertiger Fähigkeiten und ihrer Erfahrung ausüben[37]. Die Einschränkung ist darüber hinaus in sich nicht schlüssig. So könnte die in Rede stehende Hausfrau ohne eine umfangreiche Aus-

---

31 Landau, K., B. Imhof-Gildein: Arbeitswissenschaftliche Bewertung der Haushaltsarbeit nach dem Hohenheimer Verfahren. In: Der Wert der Haushaltsarbeit. Fn. 28. S. 121 f.

32 Vgl. die kritischen Anmerkungen bei Hofmann, E.: Der Ersatzanspruch bei Beeinträchtigung der Haushaltsführung. In: NZV 1990, 8 ff. Vgl. auch Schulz-Borck, H.: Arbeitsausfall und -bewertung bei häuslichen Unfällen. In: Hauswirtschaft und Wissenschaft 1990, 95 ff. Hier wird insbesondere Bezug genommen auf den Beitrag von K. Landau, B. Imhof-Gildein, M. Koepke: Arbeitszeitausfall und -bewertung bei häuslichen Unfällen. In: Hauswirtschaft und Wissenschaft 1989, 265 ff.

33 Es ist zugleich die Lösung, für die sich bereits der Arbeitskreis „Schadenersatz bei Ausfall der Hausfrau" des 15. Deutschen Verkehrsgerichtstages 1977 ausgesprochen hat. Vgl. 15. Deutscher Verkehrsgerichtstag 1977. Veröffentlichung der auf dem 15. Deutschen Verkehrsgerichtstag am 27. u. 28. Januar 1977 in Goslar gehaltenen Referate und erarbeiteten Empfehlungen. Hamburg 1977, S. 10 ff.

34 Vgl. Schacht, J.: Zur Bewertung der Hausarbeit im Unterhaltsrecht. In: Der Wert der Haushaltsarbeit. Fn. 28. S. 137 ff.

35 Scheffen/Pardey 3. Aufl. a. a. O., S. 79, siehe Fn. 10. Die Fußnote 102 lautet: „Dazu Landau DAR 1989, 166 und Jung DAR 1990, 161 ff mit Fragebogen in DAR 1990, 194 ff. für Gutachtenerstattungen." Fußnote 103: „Schacht FamRZ 1980, 107, 109 mit Zerlegung der Haushaltstätigkeit in Einzelaufgaben und Bewertung der Zeitanteile mit Marktlöhnen der Einzelberufe."

36 BGH, vom 8. 6. 1982, siehe Fn. 5. Vgl. zu den Einstufungen in der Rechtsprechung auch die Hinweise bei Scheffen/Pardey Fn. 10, S. 80.

37 Hinsichtlich der Tätigkeitsmerkmale vgl. u. a. Schulz-Borck, H.: Ersatzanspruch der verletzten Hausfrau. Die Kosten einer vergleichbaren Ersatzkraft. In: 27. Deutscher Verkehrsgerichtstag. A. a. O. S. 232 f. siehe Fn. 30.

bildung gegebenenfalls höchste Staatsämter – mit entsprechender Vergütung – übernehmen, während man ihr im Haushalt die angemessene Vergütung versagt.

Maßgebend für die Einstufung sind folgende Gesichtspunkte: Die Ersatzkraft muss bei einem völligen Ausfall der/des Haushaltführenden stets in der Lage sein, einen Haushalt selbstständig zu führen und gegebenenfalls zusätzlich noch Pflegefunktionen oder Repräsentationspflichten zu übernehmen. Dementsprechend kann die Einstufung nicht in die unteren Vergütungsgruppen des BAT erfolgen. Weiterhin muss nach der Familiengröße und der sozialen Stellung der Familie differenziert werden, weil davon die Anforderungen des Arbeitsplatzes „Haushalt" entscheidend abhängen. Auf diese Weise können aber mehrere Varianten, die sich zum Teil gegenseitig ausgleichen, zu einer einheitlichen Bewertung des Arbeitsplatzes zusammengefasst werden, sodass im Endergebnis keine breite Auffächerung notwendig ist. M. a. W., auf den ersten Blick könnte vermutet werden, dass die Vielgestaltigkeit der realen Erscheinungsformen im Grunde die Beachtung einer Vielzahl von Einflussgrößen erfordert, und das nicht nur als „Momentaufnahme", sondern als dynamischen Prozess. Allein schon der empirische Nachweis würde dabei zu Problemen führen. Das legt aus Gründen der Operationalität ein anderes Vorgehen nahe. Es erscheint sinnvoll, eine Typisierung vorzunehmen[38]. Für die Zuordnung zu den adäquaten Vergütungsgruppen wird dabei davon ausgegangen, dass die für die Einstufung maßgeblichen Anforderungen aus dem Haushaltstyp abgeleitet werden können. Möglichen Einwendungen gegen eine derartige Zuordnung ist entgegenzuhalten, dass es zum einen keine absolute Richtigkeit gibt, und dass es sich zum Zweiten um ein pragmatisches Vorgehen handelt, das auch von mit der Materie weniger vertrauten Personen nachvollzogen werden kann. Unabhängig davon sind Verbesserungen etwa in der Typisierung nicht ausgeschlossen.

Im Einzelnen werden folgende Grundtypen unterschieden, wobei eine Zuordnung zu einem Typ stets das Vorhandensein mehrerer der genannten Merkmale erfordert:

Einfache Haushalte

Merkmale: Es liegen einfache Wohnverhältnisse vor (z. B. überwiegend Mietwohnung mit kleinerer Wohnfläche); geringe technische Ausstattung; unterdurchschnittliches Haushaltseinkommen (oft auch unterschiedliche Transfereinkommen); bei Erwerbstätigkeit liegt überwiegend ungelernte oder angelernte Tätigkeit vor. Für so umschriebene Haushalte erscheint – auch im Hinblick auf die Einkommenshöhe – die Annahme einer einfachen Lebenshaltung mit entsprechend geringeren Ansprüchen und Anforderungen gerechtfertigt.

Durchschnittshaushalte

Merkmale: Mittlere bis gehobene Wohnverhältnisse mit größeren Wohnflächen (z. B. oft Wohneigentum); durchschnittliche technische Ausstattung; das Haushaltsnettoeinkommen entspricht in etwa dem des Haushaltstyps 2 der amtlichen Statistik (früheres Bundesgebiet 1998 um 5 460 DM/Monat; neue Länder 1998 um 4 540 DM/Monat)[39]; in der beruflichen Stellung werden in der Regel mittlere Positionen erreicht. Für so umschriebene Haushalte erscheint die Annahme einer mittleren bis höheren Lebenshaltung mit daraus abzuleitenden mittleren bis höheren Anforderungen in der Aufgabenerledigung gerechtfertigt.

Gehobene Haushalte

Merkmale: Überdurchschnittliche Wohnverhältnisse, größere Wohnflächen (z. B. vermehrt eigene Zimmer für Kinder, Hausarbeitsraum), sehr häufig Wohneigentum; überdurchschnittliche technische Ausstattung; das Haushaltsnettoeinkommen entspricht dem des Haushaltstyps 3 der amtlichen Statistik (früheres Bundesgebiet 1998 um 8 550 DM/Monat; neue Länder 1998 um 5 921 DM/Monat)[40] oder es liegt darüber; in der beruflichen Stellung finden sich überwiegend gehobene und höhere Positionen, ebenso Selbstständige. Für so umschriebene Haushalte und insbesondere aus der Einkommenshöhe und der sozialen Stellung heraus erscheint die Annahme einer gehobenen Lebenshaltung mit daraus resultierenden hohen Anforderungen an die Aufgabenerledigung, bei auf der anderen Seite nicht auszuschließender Vergabe von Arbeiten gerechtfertigt.

Kinderlose Doppelverdienerehe mit hälftiger Teilung der Haushaltführung

In einem solchen Fall benötigt der überlebende Ehegatte, falls er nicht – nach einer Übergangszeit – zur Schadenminderung in eine kleinere Wohnung umziehen muss (§ 254 Abs. 2 BGB), lediglich eine stundenweise beschäftigte Aushilfskraft, die nicht die Leitung des Haushaltes zu übernehmen braucht (vergleichbar dem Verletzungsfall bei erhalten gebliebener Leitungsfunktion, siehe unter 3.1.1, Tabelle 3 Pkt. B). Daher erscheint die Vergütungsgruppe BAT X angemessen[41]. Im Gegensatz zu Hofmann sieht Schulz-Borck hier mehrfach Anlass zur Kritik. So besteht zunächst die Schwierigkeit, diesen Haushalt einzustufen. Es kann sich gegebenenfalls um einen „Durchschnittshaushalt" oder um einen „Gehobenen Haushalt" handeln. – Die Forderung nach einem evtl. Wohnungswechsel bedeutet für den Hinterbliebenen und in Anbetracht des heutigen Wohnungsmarktes – bis hin zu einem u. U. dann erforderlichen Verlassen der gewohnten Umwelt – s. E. eine zusätzliche kaum zumutbare Belastung. Im Übrigen müsste man in letzter Konsequenz wohl auch den Verzicht auf eine Zweit- und/oder Ferienwohnung und gegebenenfalls das Umsteigen auf einen kleineren, kostengünstigeren Pkw verlangen. – Mindestens für die Fälle, in denen die Haushaltsführung verabredungsgemäß bei dem verstorbenen Ehegatten gelegen hat, wird man nicht sofort die volle, gleich-

---

38 Vgl. in diesem Zusammenhang auch: Haugg, K., R. von Schweitzer: Zeitbudgets von Familien – eine Literaturstudie mit haushaltstheoretischen Anmerkungen. In: Zeitschrift für Bevölkerungswissenschaft 1987, S. 234.
39 Statistisches Jahrbuch 1999 für die Bundesrepublik Deutschland. Wiesbaden 1999, S. 556 ff.
40 A. a. O.
41 BGH vom 29. 3. 1988, siehe Fn. 8.

wertige Übernahme dieser Funktion erwarten können. Darüber hinaus ist auch für den hinterbliebenen Ehegatten mit einem Mehraufwand für die Fortführung des Haushaltes zu rechnen[42]. Schließlich ist – wie schon festgestellt – darauf hinzuweisen, dass die Vergütungsgruppe BAT X kaum noch besetzt wird. Im vorliegenden Fall erscheint somit der Ausfall unter Einschluss der ausgefallenen Haushaltsführung unterbewertet.

Erhöhte Anforderungen ergeben sich in allen Haushalten bei Vorhandensein von Kindern, insbesondere Kleinkindern und schulpflichtigen Kindern; bei Vorhandensein pflegebedürftiger und (oder) behinderter Personen; bei Erwerbstätigkeit der/des Haushaltführenden; unregelmäßigen Arbeitszeiten (u. a. Schichtarbeit); bei räumlicher und organisatorischer Verflechtung mit einer Unternehmung (z. B. Ladengeschäft, Landwirtschaft). Insbesondere bei gehobenen Haushalten können häufigere Repräsentationsverpflichtungen zu weiteren gesteigerten Anforderungen führen (z. B. höhere Ansprüche an die Leitungsfunktion durch Beaufsichtigung von Hilfskräften; vermehrte Arbeitszeit durch höhere Anforderungen an Wohnung, Kleidung, aufwändigere Ernährung). Individuell bedeutsam sind die jeweiligen Anforderungen einzelner Aufgaben und Tätigkeiten (z. B. Häufigkeit von Reinigungsarbeiten und Qualitätsanspruch; Häufigkeit, Umfang, Ausstattung von Mahlzeiten).

Zusammenfassend lassen sich – neben der jeweils heranzuziehenden Arbeitszeit – für die Ableitung der Anforderungen und damit als Grundlage für die Einstufung vergleichbarer Ersatzkräfte herausstellen: Haushaltsgröße und Familienzusammensetzung nach Anzahl und Alter der Kinder, Vorhandensein weiterer Personen im Haushalt, Erwerbstätigkeit der/des Haushaltführenden, Wohnverhältnisse, soziale Stellung des Haushaltes[43], Einkommensverhältnisse[44], technische Ausstattung sowie aus sonstigen Besonderheiten ableitbare Anforderungen.

Die Tabelle 3 (im Anhang) gibt die Kriterien der Einstufung in die Vergütungsgruppen VIII bis Vc BAT an.

2.2.2 Stundenlohn netto

Nach Ermittlung des Arbeitszeitbedarfes, auf den die ersatzberechtigten Hinterbliebenen Anspruch haben und der Festlegung der Einstufung der „vergleichbaren" Ersatzkraft in die entsprechende Vergütungsgruppe des BAT, kann nunmehr anhand des Tarifs die hierfür im Fall der Einstellung einer Ersatzkraft zu zahlende Vergütung festgestellt werden[45]. Hierbei sind Durchschnittsrechnungen abzulehnen.

Wird **keine** Ersatzkraft eingestellt, so ist es gerechtfertigt, von einer festen Vergütung in einer mittleren Altersstufe als Durchschnittswert für die fiktiven Ersatzkraftkosten auszugehen. Da der Arbeitszeitbedarf nach Wochenstunden berechnet ist, bietet es sich an, die so genannten Stundenvergütungen aus den jeweiligen tariflichen Vergütungsgruppen zu Grunde zu legen, die errechnet sind aus der Grundvergütung, der Zulage für Angestellte und dem Ortszuschlag bei einem Lebensalter der Ersatzkraft zwischen etwa 31 und 33 Jahren. Durch Multiplikation der beiden Werte kann der jeweilige Ersatzbetrag ermittelt werden[46].

In seiner gutachtlichen Tätigkeit geht Schulz-Borck so vor, dass die Wertansätze unter Einschluss aller Lohnbestandteile erfolgen. Dies erscheint gerechtfertigt, da diese Bruttosumme Ausdruck für den Wertbetrag des jeweiligen Arbeitsplatzes ist, den er mindestens erbringen muss, um mit einer Arbeitskraft besetzt zu werden. Auch die analytische Arbeitsbewertung kommt in ihrer Wertfindung ohne Unterscheidung nach Brutto/Netto zu „anforderungsgerechten Entgelten", die in Höhe der Brutto-Vergütungen liegen. Es ist also kein arbeitswirtschaftliches, sondern ein rechtliches Problem, wenn bei fiktiven Ersatzkraftkosten gefordert wird, nicht die Bruttostundenvergütungen zu ersetzen, sondern Lohnsteuer sowie Beiträge zur Renten-, Kranken- und Arbeitslosenversicherung abzuziehen und nur die verbleibende Netto-Vergütung zu Grunde zu legen. Der Ersatzberechtigte, der keine Ersatzkraft beschäftigt, würde nach dieser Auffassung sonst um Beträge bereichert sein, die auch im Falle der Anstellung einer Ersatzkraft dieser, sofern Versicherungspflicht besteht, nicht verbleiben würden[47]. Bei einer Entscheidung über dieses Problem ist grundsätzlich zu beachten, dass bei „geringfügiger Beschäftigung"[48] für Arbeitnehmer keine Sozialversicherungspflicht besteht. Das trifft zu bei einer Beschäftigung von weniger als 15 Std./Woche und Arbeitsentgelten von nicht mehr als 630 DM/Monat (322,11 €). Versicherungsfrei

---

[42] Vgl. Scheffen/Pardey: a. a. O., 3. Aufl., S. 90, siehe Fn. 10.

[43] BGH vom 13. 7. 1971, VersR 71, 1065; BGH vom 8. 2. 1982, siehe Fn. 5.

[44] Das Bundessozialgericht (BSGE 31, 90 (97); Urteil vom 30. 5. 1978, 1 RA 71/77, unveröffentlicht; Urteil vom 22. 9. 1978, 4/5 RJ 16/77, unveröffentlicht) vertritt den Standpunkt, dass im Rahmen des § 1266 RVO die Haushaltsführung der Ehefrau nach den Lebensverhältnissen der Familie zu bewerten ist, die durch die Höhe der Einkünfte bestimmt werden. Vgl. aber auch das Urteil des BGH vom 08.06.1982, VersR 82, 951 = NJW 82, 2866 = DAR 82, 329. Hier heißt es unter Hinweis auf das Urteil vom 13. 7. 1971, VersR 71, 1065, „daß die Höhe des Arbeitseinkommens des Mannes – obwohl sie sich auch auf den u. a. mitzuberücksichtigenden gesamten Lebenszuschnitt der Familie auswirkt – nicht etwa stets die oberste Grenze für die Bemessung des Unterhaltsschadens darstellt."

[45] Vgl. hierzu die im Anhang abgedruckten Tabellen 7 u. 7 a.

[46] Vgl. hierzu die Tabellen 5 u. 5 b über die Vergütungen als Grundlage der Stundensätze im Anhang. Für den Fall der Einrechnung von Überstundenzuschlägen ab einer Arbeitszeit von derzeit über 38,5 bzw. 40 Std./Woche sind die Tabellen 5 a bzw. 5 c heranzuziehen.

[47] Im Gegensatz dazu wird bei Verzicht auf Reparatur bei einem Sachschaden – unverständlich – keine Bereicherung darin gesehen, die fiktiven Reparaturkosten einschließlich Mehrwertsteuer zu ersetzen. Nicht zu übersehen ist bei dieser eingeräumten Dispositionsfreiheit der Anreiz zu kriminellen Manipulationen. In diesem Zusammenhang kann Schulz-Borck auch die Argumentation von Dressler wenig überzeugen. Vgl. Dressler, W.-D.: Neugewichtung bei den Schadensersatzleistungen für Personen- und Sachschäden?. In: DAR 3/96, 83 f. Auf dem 38. Verkehrsgerichtstag in Goslar (26. – 28. 1. 2000) wurde im Arbeitskreis III („Gesetzliche Änderungen im Schadensersatzrecht") die Frage des Sachschadenersatzes bei fiktiver Abrechnung zwar in den Referaten kontrovers diskutiert, in den Empfehlungen des Arbeitskreises wurde jedoch eine Änderung der derzeitigen Regelung

[48] Vgl. für diese und die folgenden Ausführungen: Praxis Aktuell. Daten & Fakten. AOK Niedersachsen. Beitragstabelle. Gültig ab 1. Januar 2000. Vgl. ebenso z. B. Praxis Aktuell. AOK für das Land Brandenburg. Beitragstabelle 2000. Gültig ab 1. Januar 2000.

sind begrenzte Arbeitsverhältnisse bis zu zwei Monaten bzw. 50 Arbeitstagen innerhalb eines Jahres. Altersrentner sind frei in der Rentenversicherung. Nicht arbeitslosenversicherungspflichtig sind Erwerbsunfähigkeitsrentner und Personen nach Vollendung des 65. Lebensjahres.

Das die Bemessungsgrenzen übersteigende Entgelt ist ebenfalls nicht beitragspflichtig. Die Bemessungsgrenze liegt 2000 in der Kranken- und Pflegeversicherung in den alten Bundesländern bei 6 450 DM/Monat (3 297,83 €) und in den neuen Bundesländern bei 5 325 DM/Monat (2 722,63 €) sowie in der Renten- und Arbeitslosenversicherung bei 8 600 DM/Monat (4 397,11 €) (alte Bundesländer) und bei 7 100 DM/Monat (3 630,17 €) (neue Bundesländer).

Die Arbeitgeberanteile zur Sozialversicherung sind nur dann zu ersetzen, wenn der Unterhaltsberechtigte tatsächlich mit ihnen belastet ist, also nicht bei einer Schadenschätzung lediglich anhand der gedachten Ersatzkraftkosten[49]. Nach Meinung des BGH sind diese Beträge zwar ein Äquivalent für die Arbeitsleistung[50]. Aber sie sind nicht wie das Gehalt (zunächst) zur Disposition des Arbeitnehmers gestellt, sondern vom Arbeitgeber abzuführen, mithin zweckgebunden, sodass ihre Einbeziehung in den frei verfügbaren Schadenersatzanspruch dem Unterhaltsberechtigten ungerechtfertigte Vorteile brächte. Dies gilt jedenfalls für den Regelfall. Ausnahmen sind denkbar, falls der/die Hinterbliebene eine entgeltliche Tätigkeit aufgegeben hat, um den Haushalt besorgen zu können und dadurch die Alterssicherung und der Krankenversicherungsschutz gefährdet oder verschlechtert werden.

Die gleichen Erwägungen treffen nach Meinung der Rechtsprechung auch für die Einbeziehung der Arbeitnehmeranteile zur Sozialversicherung in den Ersatzanspruch zu[51]. Schulz-Borck vertritt dagegen die Meinung, der Abzug von Sozialversicherungsbeiträgen sei insgesamt auch aus versicherungsrechtlichen Gründen problematisch. So wird „die Versicherungspflicht ausgelöst, wenn Arbeitnehmer und Arbeitgeber ein Beschäftigungsverhältnis eingehen... Nur manchmal ist es zweifelhaft, ob tatsächlich von einem Beschäftigungsverhältnis gesprochen werden kann. Für diese Zweifelsfälle hat das Bundessozialgericht Kriterien herausgebildet. Der Arbeitnehmer muss in den Betrieb eingegliedert und hierdurch von seinem Arbeitgeber persönlich abhängig sein. Der Arbeitgeber muss über die Arbeitskraft verfügen und seinem Arbeitnehmer Weisungen erteilen... Sind diese Voraussetzungen nicht erfüllt, wie etwa bei freier Mitarbeit oder der Tätigkeit auf Grund eines Werkvertrages, kann dagegen keine Versicherungspflicht entstehen"[52]. Da bei einer fiktiven Berechnung aber gerade auf den Fall der Nicht-Einstellung abgestellt wird, bei dem es nie zu einer Unterstellung und persönlichen Abhängigkeit kommen kann, sind in der fiktiven Vergütung Sozialversicherungsbeiträge nicht enthalten. Der tatsächlich vorgenommene Abzug stellt nach Ansicht von Schulz-Borck eine eindeutige Schmälerung des Schadenersatzanspruches dar.

Für die Frage der Erstattungsfähigkeit tatsächlich nicht abgeführter Lohnsteuer wird auf die Rechtsprechung des BGH[53] verwiesen. Bei Nichtanstellung einer Ersatzkraft können keine fiktiven Lohnsteueranteile der gedachten (kalkulatorischen) Ersatzkraftkosten ersetzt werden. Erstattungsfähig ist danach vielmehr lediglich der fiktive Nettolohn.

In den Tabellen 5, 5 a und 5 b sowie 5 c im Anhang (Monatsvergütungen auf der Grundlage der Stundenvergütungssätze) ist diesen Forderungen insofern Rechnung getragen, als neben den Brutto-Vergütungen (ohne Arbeitgeberanteil) auch die Netto-Vergütungen ausgewiesen werden. Zugleich lässt sich aus den Tabellen 5 u. 5 b ablesen, dass die in der genannten Entscheidung des BGH alternativ zugelassene Methode, den Bruttolohn pauschal (§ 287 ZPO) um 30 % zu kürzen (für Arbeitnehmeranteile zur Sozialversicherung und Lohnsteuer) bei niedrigen Entschädigungen in die Irre führt, da zum Nachteil der Ersatzberechtigten die Steuer- und Versicherungsfreiheit geringer Arbeitsverdienste unberücksichtigt bleibt. Auf dem 27. Deutschen Verkehrsgerichtstag 1989 wurde hierzu in der Entschließung des Arbeitskreises VI festgestellt: „Der bei Nicht-Inanspruchnahme einer Ersatzkraft vielfach zur vereinfachten Berechnung der Netto-Vergütung vorgenommene Pauschalabzug von 30 % ist nicht gerechtfertigt, wenn sich im Einzelfall kein oder ein geringerer Abzugsbetrag ergibt (vgl. Tabellen 5 bei Schulz-Borck/Hofmann)"[54]. (Als Hilfe für die Berechnung im Zeitablauf vgl. Tabelle 11 im Anhang.)

Steuerliche Nachteile des hinterbliebenen Ehegatten (Verlust des Splitting-Tarifs und der günstigeren Pauschal- bzw. Höchstbeträge für Werbungskosten und Sonderausgaben) fallen nicht unter § 844 Abs. 2 BGB und können daher auch nicht ersetzt werden. Die Schadenersatzrente unterliegt nach der neuen Rechtsprechung des BFH[55] nicht mehr der Einkommensteuerpflicht gemäß § 22 Nr. 1 EStG. Die auf der inzwischen aufgegebenen älteren Entscheidung des BFH[56] beruhende Rechtsprechung des BGH[57], wonach der Schädiger dem Unterhaltsberechtigten die von diesem zu entrichtende Einkommensteuer zusätzlich zu ersetzen habe, ist daher überholt.

2.2.3 Aufteilung des Ersatzbetrages

Ist der Schaden für die Hinterbliebenen gemeinsam errechnet worden, so muss er – nach Meinung der Rechtsprechung – auf die einzelnen Anspruchsteller, die ja Teilgläubiger sind[58], aufgeteilt

---

49 BGH vom 8. 6. 1982, siehe Fn. 5.
50 BGHZ 43, 378, 384; std. Rspr.
51 BGH vom 8. 2. 1983, BGHZ 86, 372 = VersR 83, 458 = NJW 83, 1425 = DAR 83, 221; BGH vom 10. 10. 1989, VersR 89, 1273 = NJW-RR 90, 34 = NZV 90, 21 = DAR 90, 53.
52 AOK – Die Gesundheitskasse für Niedersachsen. Kontakte. Sondernummer Dezember 1997. S. 6.
53 Siehe Fn. 51.
54 Vgl. 27. Deutscher Verkehrsgerichtstag 1989. Fn. 30, S. 12.
55 Urteil vom 25. 10. 1994, VersR 95, 856 = NZV 95, 206.
56 BFHE 126, 405.
57 BGH vom 19. 3. 1974, VersR 74, 700; BGH vom 10. 4. 1979, VersR 79, 670 = NJW 79, 1501.
58 Siehe im Text bei Fn. 3.

werden, bevor eine etwaige Kürzung wegen weggefallener Unterhaltsleistung erfolgt, da das Freiwerden von einer gesetzlichen Unterhaltspflicht nicht alle Hinterbliebenen betrifft, sondern nur den überlebenden Ehegatten. Im Allgemeinen wird zwischen dem Witwer und einem Kind im Verhältnis von $2/3 : 1/3$ aufgeteilt[59], bei zwei Kindern im Verhältnis von $1/2 : $ je $1/4$[60] und bei drei Kindern im Verhältnis von $2/5 : $ je $1/5$[61]. Die Anwendung gestaffelter Unterhaltsquoten nach den unterschiedlichen Altersgruppen von Kindern, wie sie in der Quotentabelle von Eckelmann/Nehls/Schäfer[62] empfohlen wird, hat der BGH[63] zunächst abgelehnt und es als unbedenklich bezeichnet, wenn eine Durchschnittsquote gebildet wird, die alle Altersstufen umfasst. In einer späteren Entscheidung[64] hat er dagegen revisionsrechtlich nicht beanstandet, dass die Vorinstanz gestaffelte Unterhaltsquoten zu Grunde gelegt hatte, allerdings bei Waisen, deren Alter stark unterschiedlich war[65].

Wegen der Fassung des Klageantrages im Falle eines Rechtsstreits, den mehrere Unterhaltsberechtigte gemeinsam anstrengen, siehe unter 5.

2.3 Unterhaltsersparnis

Der Umfang der anrechenbaren Ersparnis wird bestimmt durch den Anteil am verfügbaren Netto-Haushaltseinkommen, auf den der/die getötete Haushaltführende Anspruch hatte. Es muss daher, ebenso wie bei der Berechnung eines Anspruchs auf entzogenen Barunterhalt berücksichtigt werden, dass in Höhe der fixen Haushaltskosten die Ausgaben sich nach dem Wegfall eines Familienmitglieds nicht oder nur unwesentlich vermindern, die Ersparnis mithin nicht alle Bereiche der Lebenshaltung gleichmäßig erfasst. Aus diesem Grund ist im Wege der Vorteilsausgleichung nur derjenige Betrag in Abzug zu bringen, der vom Familien-Nettoeinkommen nach Abzug der fixen Haushaltskosten der/des Verstorbenen als Anteil am verteilbaren Unterhalt zugestanden hätte. Es handelt sich im Grunde um die gleiche Berechnung, wie sie aufgemacht werden muss, um den Anteil des getöteten Ehegatten an dem ohne das Schadenereignis von ihm verdienten Nettoeinkommen zu ermitteln, wenn es um die Feststellung des Barunterhaltsschadens der/des Überlebenden geht. Etwas vereinfacht kann man daher die anrechnungsfähige Ersparnis des Witwers infolge Wegfalls des Barunterhalts für die getötete Hausfrau als „reziproken Witwenunterhalt" bezeichnen.

Da es hier – wie überhaupt im Bereich des § 844 Abs. 2 BGB – nicht auf die tatsächlich von dem/der getöteten Haushaltführenden verbrauchten Beträge, sondern darauf ankommt, in welcher Höhe ihm/ihr rechtlich das Familieneinkommen zustand, können Vergleichszahlen über die tatsächlichen Haushaltsausgaben vor und nach dem Unfall und statistische Angaben über den Pro-Kopf-Verbrauch allenfalls als Anhaltspunkt dienen. Da es sich dabei in aller Regel um Durchschnittswerte handelt, sind sie freien Schätzungen jedoch vorzuziehen. Der Ersparnisausgleich ist eine Rechtsfrage, die nach den dafür maßgeblichen Kriterien in jedem Einzelfall ohne größere Schwierigkeiten gelöst werden kann[66]. Die fixen Kosten sind zwar grundsätzlich (wie der Name schon sagt) in gleicher Höhe wie vor dem Unfall den Hinterbliebenen zuzurechnen[67], jedoch können sie sich bei den Kosten der Information, der Krankenversicherung, der Fahrzeughaltung u. a. im Einzelfall auch spürbar verringern; sofern dies zutrifft, hat eine Neufeststellung zu erfolgen[68]. In der Realität kann davon ausgegangen werden, dass die fixen Kosten je nach Einkommen und Ausstattung der Haushalte zwischen 35 und 50 % des ausgabefähigen Einkommens ausmachen können[69]. Damit ist eine möglichst exakte Erfassung in jedem Fall zu empfehlen. Den Ersatzberechtigten trifft die Darlegungs- und Beweislast für die Elemente der Bewertung des Unterhaltsschadens[70].

Traf den Getöteten eine Mitverantwortung für den Unfall, so muss sich der überlebende Ehegatte die Unterhaltsersparnis nur insoweit anrechnen lassen, als sie den von ihm selbst zu tragenden Schadenanteil (§ 846 BGB) übersteigt[71].

Hinsichtlich steuerrechtlicher Nachteile des überlebenden Ehegatten siehe oben, unter 2.2.2 am Ende. In der dort zitierten Entscheidung hat der BGH weiter ausgeführt, die Unterhaltsersparnis sei nach Billigkeitsgrundsätzen ausgerichtet. Daher könne zu Gunsten des Überlebenden der Anteil der verstorbenen Haushaltführenden am Familieneinkommen ausnahmsweise dann geringer bewertet werden, falls dieser über das gesetzlich geschuldete Maß hinaus zum Familienunterhalt beigetragen hätte. Das Gleiche gilt bei der Betreuung erstehelicher Kinder des Überlebenden, wofür dieser nun infolge des Todes besondere Aufwendungen machen muss, die nicht ersatzfähig sind[72].

---

59 BGH vom 2. 4. 1974, VersR 74, 885 = NJW 74, 1238. „Auf das Kleinkind muß jedoch der größere Anteil entfallen." Vgl. Scheffen/Pardey, 3. Aufl. S. 83, siehe Fn. 10. Dort Hinweis auf BGH, Nichtannahmebeschluss vom 5. 6. 1984, VersR 84, 876 u. BGH vom 31. 1. 1984, VersR 84, 389 = NJW 84, 2295 = DAR 84, 256.

60 BGH vom 5. 2. 1972, VersR 72, 948 = NJW 72, 1716. „Die Quote $3/5$ und je $1/5$ ist ebenfalls nicht ausdrücklich beanstandet worden." Vgl. Scheffen/Pardey, a. a. O. unter Hinweis auf BGH vom 12. 6. 1973, VersR 73, 939. BGH vom 19. 3. 1974, VersR 74, 700; BGH vom 10. 4. 1979, siehe Fn. 8.

61 Vgl. BGH vom 12. 6. 1973, siehe Fn. 60.

62 Vgl. NJW 84, 945, 948.

63 BGH vom 15. 10. 1985, VersR 86, 264 = NJW 86, 715 = VRS 70, 169 = DAR 86, 51.

64 BGH vom 31. 5. 1988, VersR 88, 954 = NJW 88, 2365.

65 Siehe dazu Macke, NZV 1989, 249, 251.

66 Vgl. hierzu Anlage 3 (Tabelle 4 c) zum Fragebogen (Tabelle 4).

67 BGH vom 11. 10. 1983, VersR 84, 79 = VRS 66, 106. Vgl. Hinweis bei Küppersbusch, G.: Ersatzansprüche bei Personenschaden, 6. Aufl. 1996, S. 95 ff., Rn. 234 ff.

68 BGH vom 1. 10. 1985, VersR 86, 39 = DAR 86, 53; BGH vom 15. 10. 1985, VersR 86, 264 = NJW 86, 715 = DAR 86, 51 = VRS 70, 169.

69 Vgl. hierzu auch OLG Frankfurt, Urteil vom 24. 10. 1988, DAR 90, 464.

70 BGH vom 24. 4. 1990, VersR 90, 907 = NJW-RR 90, 962 = DAR 90, 296; OLG Karlsruhe vom 24. 1. 1990, VersR 91, 1190 = VRS 78, 337; OLG Frankfurt vom 23. 5. 1991, ZfS 92, 297.

71 BGH vom 22. 3. 1983, VersR 83, 726; BGH vom 3. 7. 1984, VersR 1984, 961; BGH vom 16. 9. 1986, VersR 87, 70.

72 BGH vom 6. 12. 1983, VersR 84, 189 = DAR 84, 82 = VRS 66, 185.

2.4 Sonderfälle

2.4.1 Auflösung des gemeinsamen Haushalts

Werden Halbwaisen auf Dauer anderweitig untergebracht, was der Schädiger nicht gegen den Willen der Beteiligten erzwingen kann[73], ist regelmäßig der Witwer/die Witwe als Alleinstehende(r) zu behandeln. In diesem Fall kann nicht nach den Kosten einer Ersatzkraft, die zur Versorgung aller Hinterbliebenen erforderlich wäre, abgerechnet werden, weil dies an der Wirklichkeit vorbeiginge. Der überlebende Ehegatte, der auf Grund der Auflösung des gemeinsamen Haushalts nach dem Unfall allein zu versorgen ist, hat auch nur Anspruch auf den hierfür erforderlichen Aufwand. Dies sind in der Regel die Kosten für eine stundenweise beschäftigte Ersatzkraft, die allerdings zur selbstständigen Führung eines Haushaltes im Stande sein muss. Ausnahmen hiervon sind nur beim Vorliegen besonderer Umstände (z. B. hohes Alter, Krankheit oder Gebrechlichkeit, Notwendigkeit der Repräsentation wegen besonderer beruflicher oder gesellschaftlicher Position) zu machen[74]. Daneben ist der gesondert zu bewertende Unterhaltsschaden der Halbwaise(n) zu ersetzen. Dabei ist je nach der Art, in der die Halbwaise(n) versorgt wird (werden), zu unterscheiden.

2.4.2 Verwandtenhilfe

Dies erfolgt meistens unentgeltlich, jedoch kann solche Freigebigkeit den Schädiger nicht entlasten (§ 843 Abs. 4 BGB). Der 15. Deutsche Verkehrsgerichtstag hat dazu in einer Entschließung des betreffenden Arbeitskreises[75] im Jahr 1977 vorgeschlagen, den Betreuungsschaden der Waise(n) in diesem Falle mindestens mit dem doppelten Bedarfssatz der Regelunterhaltsverordnung zu bewerten[76]. In der Rechtsprechung wird dies als Ausgangspunkt für eine Schätzung gebilligt[77].

Ist der Verwandte nur gegen eine Vergütung zur Übernahme der Betreuung bereit, so ist eine von den Hinterbliebenen mit dem Verwandten geschlossene vertragliche Vereinbarung vom Schädiger zu akzeptieren, soweit die zugesagten Zahlungen nicht höher als die Kosten für eine sonst erforderliche Hilfskraft sind; denn der Schaden ist in diesem Falle nicht fiktiv, sondern konkret abzurechnen[78]. Überwiegend werden aber die Verhandlungen mit dem Verwandten über die Höhe der Entschädigung für seine Hilfe vom Schädiger geführt werden. Dann muss dieser bereit sein, den einsatzbereiten Verwandten voll angemessen zu entschädigen, notfalls seine Bereitschaft auch zu erkaufen, soweit dadurch die Kosten einer fremden Ersatzkraft nicht überschritten werden[79]. Dabei ist zu beachten, dass der *Arbeitszeitbedarf* sich bei der Aufnahme der Waise(n) in eine Familie gegebenenfalls rationeller gestaltet. Scheffen/Pardey schlagen dazu die Berücksichtigung der Differenz zwischen dem bisherigen und dem um eine Person erhöhten Arbeitszeitbedarf der Pflegefamilie vor[80]. Dies erscheint sachgerecht. Hinsichtlich der *Bewertung* der Arbeitszeit soll nach Meinung des BGH zu berücksichtigen sein, ob die Pflegeperson eine ausgebildete Fachkraft ist oder nicht und ob ihr der Arbeitsmarkt für eine andere, besser bezahlte Tätigkeit offen gestanden hätte[81]. Dieser Ansicht des BGH können wir lediglich insoweit zustimmen, als es auf anderweitige Möglichkeiten, die Arbeitskraft nutzbringend einzusetzen, ankommen muss; denn der Schädiger hat dem Verwandten ja auch den entgangenen Arbeitsverdienst zu ersetzen, falls dieser seine Arbeitsstelle aufgeben muss, um die Betreuung der Waise(n) übernehmen zu können[82]. Dagegen ist es ohne Bedeutung für die Wahl der Vergütungsgruppe, ob der helfende Verwandte eine spezielle Ausbildung hierfür vorzuweisen hat, weil wesentliches Kriterium für die Einstufung in diesem Bereich die Anforderungen des betreffenden Arbeitsplatzes sind, die es zu erfüllen gilt[83].

2.4.3 Fremde Pflegefamilie

In der älteren Rechtsprechung[84] ist der Standpunkt vertreten worden, dass sich der Schaden in einem solchen Falle konkretisiert habe, da von den Jugendämtern bestimmte Pflegegelder gezahlt würden, die als ausreichende und angemessene Vergütung anzusehen seien. Dieser Gedanke ist auch auf die Verwandtenhilfe übertragen worden, und zwar in der Weise, dass die Bewertung des Betreuungsschadens sich an den Kosten orientieren sollte, die bei einer Unterbringung der Waise(n) in einer Pflegefamilie angefallen wären.

Dieser Rechtsprechung ist nur dann zu folgen, wenn im konkreten Fall eine Vereinbarung vorliegt, nach der die Pflegeeltern die Betreuung der Waise(n) zu den Sätzen des Jugendamtes übernehmen. Ist ein solcher Vertrag nicht geschlossen, so kann die Bewertung nicht anders als im Falle der Unterbringung in der Familie eines Verwandten vorgenommen werden. Mehr als eine Orientierungshilfe können die Pflegegeldsätze der Jugendämter nicht sein[85].

---

73 Missverständlich BGH vom 8. 6. 1982, VersR 82, 874 = NJW 82, 2864, wenn dort ausgeführt wird, der Witwer sei verpflichtet, eine kostengünstige Lösung, soweit zumutbar, zu nutzen. Daher zu weitgehend: Steffen, VersR 85, 605/607 bei Fn. 36; wie hier (im Gegensatz zur Vorauflage) jetzt: Scheffen/Pardey, siehe Fn. 59, S. 83.

74 BGH vom 10. 7. 1973, VersR 74, 32; BGH vom 8. 6. 1982, siehe Fn. 73; BGH vom 31. 1. 1984, VersR 84, 389; OLG Celle vom 22. 12. 1977, VersR 80, 583; OLG Hamm vom 21. 12. 1979, VersR 80, 723 = zfs 80, 299 hält bei einem allein stehenden Rentner in Anbetracht der ihn treffenden Mithilfepflicht 12,5 Wochenstunden für angemessen.

75 Arbeitskreisvorsitzende war Frau RiBGH Erika Scheffen.

76 15. Deutscher Verkehrsgerichtstag 1977, S. 10 ff., siehe Fn. 33.

77 OLG Celle vom 22. 12. 1977, VersR 80, 582 = zfs 80, 239 (Zugrundelegung des Regelbedarfs für Kinder in der Altersstufe 13. bis 18. Lebensjahr auch bei jüngeren Waisen, Zuschlag je nach sozialer Stellung); OLG München vom 14. 4. 1981, VersR 82, 376 (Gleichwertigkeit von Barunterhalt und Betreuung).

78 OLG Stuttgart vom 3. 11. 1976, VersR 78, 652 .

79 BGH vom 8. 6. 1982, siehe Fn. 73.

80 Siehe Fn. 59, S. 84/85.

81 BGH vom 22. 1. 1985, VersR 85, 365 = NJW 85, 1460 = DAR 85, 215.

82 BGH vom 15. 10. 1985, VersR 86, 264 = NJW 86, 715 = VRS 70, 169 = DAR 86, 51.

83 So jetzt auch Scheffen/Pardey, siehe Fn. 59, S. 85.

84 BGH vom 13. 7. 1971, VersR 71, 1045 = NJW 71, 2069.

85 OLG Stuttgart vom 3. 11. 1976, VersR 78, 652; Scheffen/Pardey, siehe Fn. 59, S. 86.

2.4.4 Heimunterbringung

Ist für die Waise(n) nur eine Heimunterbringung oder Internatserziehung möglich, so hat der Schädiger die hierfür entstehenden Kosten zu ersetzen[86], abzüglich ersparter Barunterhaltsanteile, wenn darin Verpflegung, Kleidung oder Taschengeld enthalten sind[87].

2.4.5 Vollwaisen

Für diese ist neben der Familien- oder Heimunterbringung auch die Betreuung in der gewohnten Umgebung der früheren elterlichen Wohnung durch einen Verwandten[88] oder durch eine von diesem oder vom Vormund beaufsichtigte und angeleitete Ersatzkraft möglich. Der Verwandte ist nach fiktiven Ersatzkraftkosten zu entschädigen, während die Kosten der Ersatzkraft brutto zu entschädigen sind (siehe unter 4.).

3. Verletzungsfall ohne Einstellung einer Ersatzkraft

Ist der/die Haushaltführende verletzt worden, so kommt es für den Umfang des Ersatzanspruchs nicht darauf an, zu welcher Arbeitstätigkeit er/sie gesetzlich verpflichtet war, sondern darauf, in welcher Weise er/sie ohne Unfall tatsächlich im Haushalt gearbeitet hätte[89]. Ausgangspunkt der rechtlichen Betrachtung kann daher nicht der Arbeitszeitbedarf sein, sondern die tatsächlich aufgewendete Arbeitszeit. Diese ist in jedem Fall konkret festzustellen. Als Hilfsmittel sind die im Anhang abgedruckten Fragebögen (Tab. 4 u. 4 a [Anlage 1]) gedacht, die neben der Ermittlung der demographischen Daten der Erfassung benötigter Angaben über die Verhältnisse des betroffenen Haushaltes zum Zeitpunkt vor Eintritt des Schadenereignisses dienen.

3.1 Zeitweiliger oder dauernder völliger Ausfall

Ergebnisse aus Arbeitszeituntersuchungen in Haushalten liegen sowohl aus dem Inland als auch aus dem Ausland vor. Für Regulierungsfragen bei durch Verletzung bedingten Teilausfällen konnte lange Zeit in erster Linie nur auf die vom ehemaligen Institut für Hauswirtschaft der Bundesforschungsanstalt für Ernährung ermittelten Ergebnisse zurückgegriffen werden, die allein die Möglichkeit boten, nach Haushaltsgröße und nach der Erwerbstätigkeit der Hausfrau zu unterscheiden. In den letzten Jahren hat nun auch die amtliche Statistik ihr Augenmerk auf die Zeitverwendung in privaten Haushalten gerichtet[90]. Dabei konnte auch noch auf eine umfangreiche Untersuchung des Statistischen Landesamtes Baden-Württemberg zurückgegriffen werden. Insgesamt wurden im Vergleich zu den früheren Untersuchungen höhere Hausarbeitszeiten festgestellt[91]. Für die jetzt vorgelegte 6. Auflage erfolgt der Rückgriff auf die 1995 veröffentlichten Ergebnisse aus der Untersuchung der amtlichen Statistik über die Zeitverwendung der Bevölkerung[92]. Wegen der im Vergleich zu den Vorauflagen geänderten Typenbildung mussten die Tabellen 8 u. 9 auf der Grundlage einer Sonderauswertung entsprechend überarbeitet werden (vgl. Tab. 8 u. 9 Arbeitszeitaufwand, im Anhang). In Einzelfällen kann es sich durchaus auch empfehlen, eine zusätzliche spezielle Zeiterfassung für alle Haushaltsmitglieder für einen begrenzten Zeitraum (etwa eine Woche) vorzunehmen (vgl. hierzu Tab. 10, im Anhang).

Anhaltswerte für Zu- und Abschläge lassen sich aus der Tabelle 2 ableiten. Hinsichtlich der hier zu berücksichtigenden Gesichtspunkte weist der Verletzungsfall keine Verschiedenheiten zum Tötungsfall auf, sodass auf die dort gemachten Ausführungen (2.1.2) verwiesen werden kann.

Ein Abzug der Eigenversorgung der/des Haushaltführenden (2.1.3) kommt im Verletzungsfall selbstverständlich nicht in Betracht. Es können im Gegenteil bei bestehender Pflegebedürftigkeit der/ des Verletzten Zuschläge zur Arbeitszeit einer fiktiven Ersatzkraft aus dem Gesichtspunkt des unfallbedingten Mehrbedarfs (§ 843 BGB) vorzunehmen sein.

Die Mithilfe haushaltsangehöriger Kinder und/oder des Ehegatten im Haushalt ist abweichend vom Tötungsfall (2.1.4) nur in dem Umfang zu berücksichtigen, in dem sie ohne den Unfall tatsächlich erbracht worden ist[93].

Der auf diese Weise festgestellte tatsächliche Zeitaufwand für den vollständigen Ausfall der Arbeitskraft der/des Haushaltführenden ist auf der Grundlage der Vergütung einer Ersatzkraft zu bewerten (vgl. im Einzelnen 2.2.2). Hinsichtlich der Einstufung in die entsprechenden Vergütungsgruppen nach BAT ergeben sich jedoch im Verletzungsfall einige Besonderheiten, auf die nunmehr einzugehen ist.

---

86 BGH vom 13. 7. 1971, siehe Fn. 43; BGH vom 8. 6. 1982, siehe Fn. 73.

87 LG Duisburg vom 29. 6. 1984, VersR 85, 698.

88 Vgl. den Fall des OLG München vom 14. 4. 1981, VersR 82, 376.

89 Urteil vom 7. 5. 1974, VersR 74, 1016 = NJW 74, 1651.

90 Vgl. Zeitbudgeterhebungen. Ziele, Methoden und neue Konzepte. R. v. Schweitzer u. a. Hrsg. Stat. Bundesamt Wiesbaden, Stuttgart 1990 (Schriftenreihe Forum der Bundesstatistik; Bd. 13).

91 Quelle: Statistisches Landesamt Baden-Württemberg. Vgl. auch R. Kössler: Die Zeitverwendung in ausgewählten privaten Haushalten 1988. In: Baden-Württemberg in Wort und Zahl 1990, S. 536 ff. Hingewiesen sei in diesem Zusammenhang auf die Ergebnisse einer über ein ganzes Jahr gelaufenen Untersuchung in Niedersachsen, in der insgesamt niedrigere Hausarbeitszeiten ermittelt worden sind. Vgl.: Cécora, J. unter Mitwirkung von H.-J. Günther und H. Schulz-Borck: Einnahme & Verwendung von Ressourcen für die Lebenshaltung in ländlichen Haushalten. Ein Vergleich landwirtschaftlicher Familienhaushalte mit Selbstständigen- und Arbeitnehmer-Haushalten. Braunschweig 1990. (Arbeitsbericht aus d. Inst. für Strukturforschung d. Bundesforschungsanstalt für Landwirtschaft). S. 99 ff. Vgl. ebenso: Cécora, J.: Erwerbs- und unterhaltswirtschaftliche Aktivitäten in Familienhaushalten mit Kindern in Abhängigkeit von der Erwerbsart. In: Hauswirtschaft und Wissenschaft, 1992, S. 130.

92 Vgl. Die Zeitverwendung der Bevölkerung. Ergebnisse der Zeitbudgeterhebung 1991/92. Erhebungen nach § 7 BStatG. Hrsg. Statistisches Bundesamt, Wiesbaden. Bd. I – IV. Wiesbaden 1995; vgl. auch: Blanke, K., M. Ehling, N. Schwarz: Zeit im Blickfeld: Ergebnisse einer repräsentativen Zeitbudgeterhebung. (Hrsg.: Bundesministerium für Familie, Senioren, Frauen und Jugend). Stuttgart, Berlin, Köln 1996. (Schriftenreihe des Bundesministeriums für Familie ... Bd. 121.)

93 Urteil vom 7. 5. 1974, VersR 74, 1016 = NJW 74, 1651.

3.1.1 Einstufung

Auch eine schwer behinderte haushaltführende Person kann, sofern sie kein Pflegefall ist oder eine schwere Kopfverletzung erlitten hat, die Leitungsfunktion im Haushalt wahrnehmen. Dies ist bei der Einstufung in die entsprechende Vergütungsgruppe nach BAT zu berücksichtigen. In einem solchen Fall ist eine weniger qualifizierte Ersatzkraft als befähigt anzusehen, diejenigen Arbeiten nach Anweisung der/des verletzten Haushaltführenden zu übernehmen, die ohne den Unfall von der/dem Verletzten selbst geleistet worden wären.

Für Verletzungsfälle schlägt Schulz-Borck die Berücksichtigung der im Anhang abgedruckten Tabelle 3 – Pkt. B – für die Einstufung in die Vergütungsgruppen nach BAT vor[94,95]. Bei Ausfällen in der Leitungsfunktion – dies gilt auch für die Fälle der stationären Behandlungen der/des verletzten Haushaltführenden – ist gegebenenfalls die für die Einstufung im Tötungsfall aufgestellte Tabelle 3 – Pkt. A – heranzuziehen.

3.1.2 Möglichkeiten der Schadensminderung

Eine weitere Besonderheit im Verletzungsfall ergibt sich insofern, als bei einem Wegfall der Fähigkeit zur Verrichtung von Arbeiten auch geprüft werden muss, ob nicht durch den Einsatz technischer Mittel eine wenigstens teilweise Arbeitsfähigkeit wiederhergestellt werden kann. Es ist Aufgabe der Arbeitsmedizin, hierfür geeignete Vorschläge zu machen. Der Arzt muss auch entscheiden, ob ein solcher begrenzter Einsatz gesundheitlich überhaupt zugemutet werden kann und ob er mit einer gewissen Regelmäßigkeit und in welchem Umfang möglich ist. Im Rahmen des § 254 Abs. 2 BGB ist die Zumutbarkeit stets zu berücksichtigen[96].

Sofern die Wohnsituation des betroffenen Haushalts es zulässt, kann im Grundsatz auch bei schwersten Behinderungen, wie z. B. einer Gehunfähigkeit, der/die Verletzte mit Hilfe von Wohnungsumbauten (Verbreiterung von Türen, Ausbau von Türschwellen, Einbau eines Aufzuges, Anpassung der Arbeits- und Sitzhöhe von Möbeln), sowie nach Ausstattung mit Rollstuhl, Automatik-Herd, Spül- und Waschautomat, in die Lage versetzt werden, wenigstens in beschränktem Umfang tätig sein zu können. Das Gleiche gilt bei schweren Verletzungen der Hände oder der Arme, wenn entsprechende technische Funktionshilfen zur Verfügung gestellt werden.

Betriebswirtschaftlich stellt sich dann anschließend das Problem der Ermittlung der dadurch herzustellenden Ersparnis an fiktiven Ersatzkraftkosten. Sie lässt sich auf der Grundlage von Arbeitsbedarfszeiten festlegen. Die durch die laufende Benutzung technischer und anderer Hilfsmittel entstehenden Mehrkosten – unter Einschluss der Abschreibungen – sind dem gegenüberzustellen[97].

3.2 Teilweiser Ausfall

Gegenüber dem völligen Ausfall der/des Verletzten ergeben sich bei einer teilweisen Minderung der Fähigkeit zur Haushaltsführung Abweichungen insofern, als bei der Berechnung der fiktiven Ersatzkraftkosten der Grad der Behinderung berücksichtigt werden muss. M. a. W. der für den völligen Ausfall festzustellende Ersatzbetrag ist nur in Höhe desjenigen Prozentsatzes zuzusprechen, der dem Ausmaß der konkreten Erwerbsminderung der/des Verletzten entspricht.

Dieser Erwerbsminderungsgrad kann auf zweierlei Weise festgestellt werden.

3.2.1 Erwerbsminderung im einzelnen Fall

Es kann sein, dass eine für bestimmte Tätigkeiten bestehende Behinderung durch technische Hilfsmittel nahezu vollständig oder doch jedenfalls weitgehend ausgeglichen werden kann. Dann erfordert es im Rahmen der Zumutbarkeit die Schadenminderungspflicht (§ 254 Abs. 2 BGB), dass der/die Verletzte von der gebotenen Möglichkeit Gebrauch macht, sobald der Ersatzpflichtige, wozu er verpflichtet ist, die Kosten der Ausstattung mit diesen Hilfsmitteln (einschl. der Folgekosten) übernimmt. Soweit ein vollkommener Ausgleich der Behinderung durch technische Hilfsmittel nicht möglich ist, ist der weitere Ersatzanspruch auf der Grundlage der danach konkret noch verbleibenden Beeinträchtigung zu ermitteln. Das dafür anzusetzende Defizit zum hypothetischen tatsächlichen Arbeitsaufwand ergibt die in die Berechnung einzusetzende Stundenzahl für eine fiktive Ersatzkraft.

3.2.2 Bewertung nach Erfahrungssätzen

In allen übrigen Fällen ist eine Bewertung der konkreten Behinderung im Haushalt wie auch sonst nur anhand von Erfahrungssätzen für typische Verletzungen und ihre spezifischen Auswirkungen auf die Arbeit einer/eines Haushaltführenden möglich. Die in Verletzungsfällen üblicherweise in ärztlichen Gutachten vorgenommene Einstufung der Erwerbsminderung ist im Haftpflichtversicherungsrecht, in dem der konkrete Schaden reguliert wird,

---

94 Zur Begründung der Einstufungen vgl. Schulz-Borck, H.: Ersatzanspruch der verletzten Hausfrau. Die Kosten einer vergleichbaren Ersatzkraft. Siehe Fn. 37.

95 Bei erhaltener Leitungsfunktion ist nach Meinung des BGH in der Regel BAT X heranzuziehen, siehe BGH vom 29. 3. 1988, BGHZ 104, 113 = VersR 88, 490 (493) = NJW 88, 1783 = NZV 88, 60. Diese Aussage ist nach Ansicht von Schulz-Borck problematisch, da sie die aus den verschiedenen Haushaltstypen resultierenden unterschiedlichen Anforderungen an den Arbeitsplatz Haushalt zu wenig herausstellt. Darüber hinaus ist die Aussage zu relativieren, da die Vergütungsgruppe X praktisch nicht mehr besetzt wird. Daher müsste nunmehr die Vergütungsgruppe IXb zu Grunde gelegt werden.

96 U. a. BGH vom 5. 7. 1966, VersR 66, 977; vom 20. 2. 1968, VersR 68, 770. Vgl. auch Küppersbusch (Rn. 40) mit Verweis auf BGH vom 23. 1. 1979, VersR 79, 424 = NJW 79, 2142 hinsichtlich der „Pflichten des Geschädigten und der beiderseitigen Darlegungs- und Beweislast", siehe Fn. 67.

97 Vgl. hierzu Schulz-Borck, H. unter Mitarb. von B. Grimmer, Fn. 4, S. 54 ff.; vgl. ebenso Mayer-Tischer, H.-W. und H. Schulz-Borck: Kostenrechnung im Privathaushalt. Baltmannsweiler 1977, S. 117 ff. Vgl. auch die „Datensammlung Haushalt" des KTBL Fn. 4 sowie die dort angegebenen Datensammlungen „Wäschereinigung und Wäschepflege"; „Raumreinigung und Raumpflege" und „Verpflegung und Service".

nicht verwendbar, da sie von der besonderen Berufsausübung abstrahiert und einen durchschnittlichen Maßstab darstellt[98]. Es muss somit eine „haushaltsspezifische" Minderung der Erwerbsfähigkeit festgestellt werden.

In der Vergangenheit stand dafür die von Reichenbach/Vogel erarbeitete Tabelle zur Verfügung, in der für ausgewählte Verletzungen die konkrete Behinderung für einzelne Haushaltstätigkeiten ausgewiesen war[99]. Durch Multiplikation mit aus Arbeitszeiterhebungen ermittelten Ergebnissen über die prozentuale Verteilung der Arbeitszeit für die entsprechenden Haushaltstätigkeiten ergab sich in der Summation die „haushaltsspezifische" Behinderung, die als Grundlage für Regulierungen in Verletzungsfällen herangezogen werden konnte. Die von verschiedenen Seiten geäußerte Kritik an dieser Tabelle hat dazu geführt, dass der mit der Problematik des Schadenersatzes der verletzten Hausfrau befasste Arbeitskreis des Deutschen Verkehrsgerichtstages 1989 in seiner Entschließung u. a. die Überarbeitung der Tabelle angeregt hat. Bei der Überarbeitung ist die Kombination medizinischer und arbeitswirtschaftlicher Gesichtspunkte in einer Tabelle aufgegeben worden. M. a. W. die medizinische Einschätzung der verletzungsbedingten Behinderungen (Ausfälle) ist losgelöst von den Daten aus der Zeitbudgetforschung privater Haushalte. Die – auf 59 Verletzungen erweiterte – Tabelle von Reichenbach/Vogel u. a. weist nunmehr die Prozentsätze der Verletzungsfolgen für neun Tätigkeitsbereiche im Haushalt aus[100] (vgl. Tabelle 6 im Anhang).

Für die Schadensregulierung mussten die vorgenannten Ausfallsätze wieder mit den Ergebnissen aus der Zeitbudgetforschung privater Haushalte in Verbindung gebracht werden, und zwar zunächst im Hinblick auf die Verteilung der Hausarbeitszeit der Frau auf die einzelnen Tätigkeitsbereiche, um zu Aussagen über den prozentualen Anteil der Arbeiten zu kommen, die verletzungsbedingt nicht mehr geleistet werden können und dementsprechend mit Ersatzkraftkosten zu bewerten sind. Die anfänglich gestellte Forderung, von der Aufteilung nach Tätigkeitsbereichen abzugehen und dafür funktionelle Gesichtspunkte zu berücksichtigen, konnte wegen des Fehlens der dann erforderlichen statistischen Daten nicht realisiert werden. Es wurde daher die Aufteilung in die bisherigen Tätigkeitsbereiche beibehalten. Die von Schulz-Borck erstellte Tabelle 6 a, die bereits für die 5. Auflage auf der Grundlage der Daten der amtlichen Statistik aus der Zeitbudgeterhebung 1991/92[101] überarbeitet wurde, gibt jeweils die Rechenwerte für die durchschnittliche Behinderung (den durchschnittlichen Ausfall) der/des Verletzten in der Hausarbeit bei den in der „medizinischen" Tabelle genannten Verletzungen in v. H. für nunmehr 17 Haushaltstypen an[102]. Zusammen mit den weiteren Tabellen 8 und 9 über den durchschnittlichen absoluten Arbeitszeitaufwand in den jeweiligen Haushaltstypen wird damit die Feststellung des konkreten Ausfalls in Stunden ermöglicht. Dabei muss selbstverständlich klar sein, dass das Tabellenwerk, das mit dem Erscheinen aktuellerer Arbeitszeitdaten jeweils angepasst werden muss, nur Anhaltswerte geben kann. In Sonderfällen können sich – wie schon festgestellt – Erhebungen vor Ort sowie gegebenenfalls begrenzte Zeitaufschreibungen durchaus empfehlen. – Die – abgesehen von der kritischen Beurteilung der Einschätzung der Verletzungsfolgen – verschiedentlich geäußerte Kritik der Unterbewertung durch die in den Verletzungsfällen herangezogenen Vergütungsgruppen des BAT kann nur durch die Tarifpartner selbst entkräftet werden. Hier sind in erster Linie die Hausfrauenverbände und die Hausfrauengewerkschaft angesprochen.

3.3 Bewertung

Auch im Verletzungsfall ohne Einstellung einer Ersatzkraft richtet sich die zu Grunde gelegte Vergütung nach dem jeweiligen Nettolohn einer entsprechenden Ersatzkraft[103] (als Hilfe für die Berechnung im Zeitablauf vgl. Tabelle 12 im Anhang).

4. Einstellung einer Ersatzkraft

Werden von dem Ersatzberechtigten Aufwendungen für die Beschäftigung einer Ersatzkraft gemacht, so wendet der BGH sowohl für den Schadenersatzanspruch[104] der/des verletzten Haushaltführenden, wie auch für den Anspruch der Hinterbliebenen gemäß §§ 844 Abs. 2 BGB, 10 Abs. 2 StVG als Rechtsgrundlage den § 249 Satz 2 BGB an[105]. Die tatsächlichen Aufwendungen sind „bestimmender Ausgangspunkt"[106] für die Feststel-

---

98 Vgl. hierzu auch: Hierholzer, G., E. Ludolph: Ersatzanspruch der verletzten Hausfrau. Die ärztliche Einschätzung der konkreten Behinderung. In: 27. Deutscher Verkehrsgerichtstag 1989, Fn. 30, S. 198 ff.

99 Vgl. Vogel, K.: Die Beurteilung der Behinderung der Hausfrau im Haftpflichtanspruch. In: VersR 81, 810 ff.; siehe auch bei Schulz-Borck/Hofmann: Schadenersatz bei Ausfall von Hausfrauen und Müttern . . . 3. Aufl., a. a. O., 1987, Tabelle 6.

100 Vgl. Ludwig, K.-H.: Schadenersatz bei verletzungsbedingtem Ausfall der Hausfrau. (Berechnungsmethode nach dem „Münchner Modell") - Feststellung der konkreten Behinderung der Hausfrau bei ausgewählten Verletzungen nach der Tabelle Reichenbach/Vogel, fortentwickelt unter Mitwirkung von Prof. Dr. Probst und Dr. Ludolph in verschiedenen Haushaltsgrößen und -typen nach den Tabellen Prof. Schulz-Borck. In: DAR 11/91, S. 401 ff. Vgl. dort auch die Anmerkungen zum Vorgehen im Einzelnen.

101 Die Zeitverwendung der Bevölkerung. Bd. III: Familie und Haushalt; Sonderauswertung; siehe Fn. 92.

102 Dabei ist noch einmal darauf hinzuweisen, dass im Haushalt in aller Regel eine Schadensminderung bestenfalls durch Umbauten sowie den Einsatz technischer Hilfsmittel herbeigeführt werden kann und nur in seltenen Fällen durch eine geänderte personale Arbeitsteilung. Es ist daher durchaus möglich, dass die haushaltsspezifische Behinderung über der liegen kann, die für den allgemeinen Arbeitsmarkt anzunehmen wäre. Vgl. z. B. OLG Frankfurt (Urteil vom 7. 3. 1985); der BGH hat die Revision der Bekl. nicht angenommen (VI ZR 84/85 v. 10. 12. 1985. In: VRS 70/86, 328 f.) Bei Mehrfachverletzungen kann gegebenenfalls auch eine Kumulierung der einzelnen Erwerbsminderungsgrade in Betracht kommen. Vgl. hierzu OLG Frankfurt, Urt. vom 14. 7. 1981 (VersR 82, 981 mit Anm. Hofmann VersR 82, 983); der BGH hat mit Beschluss vom 8. 6. 1982 (VI ZR 206/81) die Annahme der Revision gegen dieses Urteil abgelehnt.

103 BGH vom 10. 10. 1989, VersR 89, 1273 = NJW-RR 90, 34 = NZV 90, 21 = DAR 90, 53; anders noch OLG Hamburg vom 23. 12. 1983, VersR 85, 646 m. abl. Anm. Hofmann VersR 85, 950.

104 BGH GSZ vom 9. 7. 1968, BGHZ 50, 304 = VersR 68, 852.

105 BGH vom 25. 7. 1970, BGHZ 54, 82 = VersR 70, 832 u. Anm. Klimke, VersR 70, 902; BGH vom 13. 7. 1971, VersR 71, 1045 = NJW 71, 2069.

106 BGH vom 3. 6. 1969, VersR 69, 828.

lung des zur Schadensbeseitigung objektiv erforderlichen Geldbetrages, jedoch ist sowohl der Einwand zulässig, dass der aufgewendete Betrag nicht voll zu ersetzen sei, wie auch umgekehrt der andere, dass ein höherer Betrag als der tatsächlich aufgewendete erforderlich gewesen wäre, um den früheren Zustand wiederherzustellen[107].

Aus diesen von der Rechtsprechung entwickelten Grundsätzen folgt, dass tatsächliche Kosten für eine Ersatzkraft höchstens für die gleiche Stundenzahl ersetzt werden können, die im Tötungs- oder Verletzungsfall nach den oben dargestellten Kriterien auch ohne Einstellung einer Ersatzkraft zu ersetzen wären[108]. Umgekehrt kann dann, wenn der Ersatzberechtigte eine Ersatzkraft für eine geringere Anzahl von Arbeitsstunden beschäftigt, ein Schaden in Höhe der Zeitdifferenz verbleiben, der zusätzlich zu ersetzen ist[109].

Auch hinsichtlich der Einstufung nach den entsprechenden BAT-Vergütungsgruppen gelten die für die Nichteinstellung einer Ersatzkraft entwickelten Grundsätze. Kosten einer höher entlohnten Ersatzkraft werden nur im Umfang der „erforderlichen" Vergütungsgruppe ersetzt, allerdings bis zur Höhe der Bruttolöhne, die im Fall der Anstellung einer Ersatzkraft der betreffenden Vergütungsgruppe zu zahlen gewesen wären. Siehe dazu die Tabellen 7/7 a (im Anhang) über die Gesamtvergütungen nach BAT/BAT-O. Beschäftigt der Anspruchsteller eine Ersatzkraft, die in eine geringer entlohnte Vergütungsgruppe eingestuft ist, so wird man das Vorhandensein eines Schadens allerdings nicht allein aus diesem Umstand ableiten können, vielmehr muss die Berechtigung, einen Differenzschaden geltend machen zu können, hier davon abhängig sein, dass der Berechtigte konkret darlegt, in welcher Weise sich die fehlenden Kenntnisse und Fähigkeiten auf die Haushaltsführung nachteilig ausgewirkt haben. Man würde sonst gegen den Erfahrungssatz verstoßen, dass auch jüngere Tarifangestellte mit geringerer Berufserfahrung oft in ihrer Arbeitsleistung einer höher entlohnten Tarifangestellten gleichwertig sind.

Kombinationen zwischen einem Teilanspruch, der dem § 249 Satz 2 BGB folgt, und einem nach § 251 BGB zu beurteilenden Restschaden sind somit prinzipiell möglich und zu einer einheitlichen Bewertung zusammenzufassen. Soweit eine Ersatzkraft beschäftigt wird, sind die Bruttoentgelte im Rahmen des § 249 Satz 2 BGB zu Grunde zu legen, für den darüber hinausgehenden Schaden dagegen die Netto-Stundenvergütungen einer zutreffend eingestuften Ersatzkraft mit der fehlenden Stundenzahl[110].

5. Rechtsübergang, Dauer der Rente, prozessuale Fragen

Dem Betreuungsschaden, den Kinder nach dem Tod des haushaltführenden Elternteiles erleiden, sind Halbwaisenrenten kongruent, die aus der gesetzlichen Rentenversicherung des getöteten haushaltführenden Elternteils gezahlt werden[111], auch wenn die versicherungspflichtige Tätigkeit vor dem Unfall nicht mehr ausgeübt wurde.

Ist der Ehemann getötet worden und war er gesetzlich zur (teilweisen) Führung des Haushaltes bzw. zur Mithilfe im Haushalt verpflichtet, so ist die aus der Sozialversicherung des Getöteten gezahlte Witwenrente nicht nur dem Barunterhaltsschaden der Witwe kongruent, sondern auch dem Betreuungsschaden[112]. Daher geht in diesen Fällen der Ersatzanspruch der Hinterbliebenen kraft Gesetzes (§§ 1542 RVO, 116 SGB X) auf den SVT über und die Hinterbliebenen verlieren insoweit ihre Aktivlegitimation.

Bei Verletzung der/des Haushaltführenden gehört die weggefallene Eigenversorgung der/des Verletzten zur Schadenkategorie der vermehrten Bedürfnisse; mit einer wegen des Unfalles gewährten Sozialversicherungsrente besteht keine sachliche Kongruenz, daher ergibt sich insoweit kein Rechtsübergang[113]. Soweit hingegen die Tätigkeit der/des Verletzten der Versorgung seiner/ihrer Familienangehörigen diente, ist sie der Erwerbstätigkeit gleichzusetzen; demzufolge besteht hier Kongruenz zu einer gezahlten Sozialversicherungsrente (gleichgültig, ob diese aus der gesetzlichen Rentenversicherung oder aus der gesetzlichen Unfallversicherung gewährt wird[114]). Die Aufteilung des Schadens in Mehrbedarf und Erwerbsschaden ist nach Kopfteilen der haushaltsangehörigen Personen vorzunehmen[115].

Fällt nach dem Unfall die Pflege des Partners durch den/die Haushaltführende(n) weg, so erfolgt ein Rechtsübergang auf den Versorgungsträger oder Sozialversicherungsträger, sofern dieser nunmehr eine (erhöhte) Pflegezulage gewährt[116].

Im Verletzungsfall erfasst die Zahlung häuslicher Pflegehilfe nach §§ 53 ff. SGB V a. F. nur den Anspruch wegen vermehrter Bedürfnisse, wohingegen der Anspruch auf Ersatz des Erwerbsschadens davon unberührt bleibt, weil es insoweit an der nach § 116 SGB X vorausgesetzten sachlichen Kongruenz fehlt[117]. Das Gleiche wird für das Pflegegeld der Pflegestufe 2 zu gelten haben[118].

---

107 BGH vom 26. 5. 1970, BGHZ 54, 62 = VersR 70, 832 u. Anm. von Klimke VersR 70, 902.
108 Schulz-Borck hält den Abzug der Eigenversorgung (siehe 2.1) im Falle einer Beschäftigung einer Ersatzkraft durch die Hinterbliebenen nicht für gerechtfertigt, siehe Fn. 5.
109 BGH vom 8. 4. 1986, VersR 86, 790 = NJW-RR 86, 217.
110 Siehe Nachweis in Fn. 109; Schulz-Borck kann sich dieser Aufteilung des Schadens mit einer Bewertung zu Brutto- und Netto-Sätzen nicht anschließen.
111 BGH vom 18. 5. 1965, VersR 65, 787 = NJW 65, 1710; BGH vom 8. 3. 1966, VersR 66, 487 = NJW 66, 1319; BGH vom 19. 5. 1987, MDR 87, 1016 = VersR 87, 1092.
112 BGH vom 1. 12. 1981, VersR 82, 291 = NJW 82, 1045 = DAR 82, 121.
113 BGH vom 25. 9. 1973, VersR 74, 162.
114 BGH vom 4. 12. 1984, VersR 85, 356 = NJW 85, 735 = DAR 85, 119.
115 Siehe Fn. 114.
116 BGH vom 8. 10. 1992, VersR 93, 56 = ZfS 92, 403.
117 BGH vom 8. 10. 1996, VersR 96, 1565 = NJW 97, 22 = NZV 97, 71 = DAR 97, 66 = r+s 97, 22.
118 v. Gerlach DAR 97, 237.

Die Rente wird längstens auf die mutmaßliche Dauer des Lebens der unterhaltspflichtigen Person geschuldet (§ 844 Abs. 2 BGB). Der geschätzte Zeitpunkt des natürlichen Todes und damit die zeitliche Begrenzung der Rente ist im Urteil kalendermäßig anzugeben[119]. Hierzu ist die Sterbetafel zu verwenden. Behauptet der Schädiger, der Getötete wäre früher gestorben als dies der statistischen Wahrscheinlichkeit entspricht, so hat er dies zu beweisen[120]. Aber auch schon früher kann altersbedingt die Verpflichtung zur Haushaltsführung wegfallen[121].

Schadenersatzrenten für minderjährige Kinder sind in der Regel auf das 18. Lebensjahr zu begrenzen und eventuelle weitere Ansprüche durch ein Feststellungsurteil abzusichern[122]. Ohne konkrete Anhaltspunkte kann nämlich nicht von dem Fortbestehen der Unterhaltsbedürftigkeit der Waise(n) über das 18. Lebensjahr hinaus ausgegangen und der Schädiger auf den Weg der Abänderungsklage (§ 323 ZPO) verwiesen werden. Ferner muss das Urteil, durch das eine Rente zugesprochen wird, wegen der Abänderungsmöglichkeit nach § 323 ZPO erkennen lassen, von welchen Annahmen das Gericht ausgegangen ist bzw. dass es sich nicht in der Lage gesehen hat, bestimmte Faktoren im Wege der Schätzung nach § 287 ZPO in seine Prognose einzubeziehen, weil die Entwicklung nicht genügend überschaubar war[123].

Erheben mehrere Hinterbliebene gemeinsam Klage, so können sie sich von vornherein mit einer anderen Aufteilung des Unterhaltsschadens auf jeden von ihnen einverstanden erklären. Wenn dann das Gericht den geltend gemachten Gesamtbetrag zwar zuspricht, ihn aber anders verteilt, so wird die Klage nicht teilweise abgewiesen, da die Antragstellung der Kläger den Erfordernissen der Bestimmtheit des Klageantrages entspricht[124].

Macht der Ersatzpflichtige geltend, es wäre auch ohne das schädigende Ereignis eine Haushaltshilfe beschäftigt worden, so ist dieser Einwand unter dem Gesichtspunkt der Kausalität des Unfalles beachtlich. Der Ersatzberechtigte muss alsdann diesen Einwand ausräumen, da er insoweit die Beweislast trägt[125].

Eine Wiederheirat des Witwers beendet nicht automatisch den Schadensersatzanspruch[126]; wohl aber muss der Witwer sich den durch die Wiederheirat begründeten neuen Unterhaltsanspruch als schadenmindernden Faktor anrechnen lassen[127]. Dabei wird der Verlust der Haushaltstätigkeit der Getöteten auch dadurch kompensiert, dass die jetzige Ehefrau Erwerbseinkommen hat und daraus einen erheblichen finanziellen Beitrag zum Familienunterhalt leisten muss[128]. Wird die zweite Ehe aufgelöst, so ist der Schadenersatzanspruch wieder im ursprünglichen Umfang gegeben[129]. Eine Feststellungsklage zur Sicherung dieser eventuellen zukünftigen Ansprüche ist nicht erforderlich, da mit der Auflösung der zweiten Ehe die Verjährungsfrist neu zu laufen beginnt[130].

Der Betreuungsschaden der Halbwaisen dagegen entfällt nicht dadurch, dass sie nach der Wiederverheiratung des Vaters von der Stiefmutter betreut werden[131].

6. Nicht eheliche Lebensgemeinschaft

In Tötungsfällen scheidet die Anwendbarkeit der §§ 844 Abs. 2 BGB, 10 Abs. 2 StVG aus, da es an dem in diesen Bestimmungen vorausgesetzten Entzug eines gesetzlichen Rechts auf Unterhalt fehlt[132]. Der Kreis der Anspruchsberechtigten kann nicht im Wege der Analogie erweitert werden auf vertragliche Beziehungen, die einer sittlichen Pflicht oder einer auf den Anstand zu nehmenden Rücksicht entsprechen[133], weil dies nicht Aufgabe der Rechtsprechung sein kann, sondern dem Gesetzgeber vorbehalten bleiben muss. Ausnahmeregelungen, wie die §§ 844 Abs. 2 BGB, 10 Abs. 2 StVG sie darstellen, können nicht erweitert ausgelegt werden und sind einer Analogie nicht zugänglich.

Bei einer Verletzung der/des Haushaltführenden ist zweifelsfrei ein Ersatzanspruch wegen des Wegfalls der Eigenversorgung (unfallbedingter Mehrbedarf) und der Betreuung der von ihr/ihm abstammenden Kinder (Erwerbsschaden) gegeben[134]. Der Zeitaufwand hierfür ist, wie stets in Verletzungsfällen, konkret anhand der tatsächlich vor dem Schadensereignis erbrachten Arbeitsleistung zu ermitteln (siehe unter 3.). Der Vorschlag von Pardey[135], den Anteil an der gesamten Haushaltführung (X-Personen-Haushalt) nach Kopfteilen herauszurechnen erscheint ungeeignet, da es im Ansatz nicht auf Bedarfszahlen ankommt. Allenfalls nach konkreter Ermittlung der Tätigkeit für die ganze nicht eheliche Lebensgemeinschaft wäre eine solche Anteilsrechnung statthaft.

Problematisch erscheint, ob die nach einer Verletzung der/des Haushaltführenden weggefallene Betreuung des Partners und ihrer/seiner Kinder ersatzfähig ist. Weil hierzu eine gesetzliche Verpflichtung nicht bestanden hat, liegt es nahe, eine

---

119 BGH vom 17. 12. 1985, VersR 86, 483 (485); schon RG vom 14. 5. 1905, RGZ 90, 226; OLG Stuttgart vom 15. 3. 1956, VersR 56, 701; BGH vom 29. 3. 1988, siehe Fn. 9.
120 BGH vom 25. 4. 1972, NJW 72, 1515 (1517) = VersR 72, 834.
121 OLG Zweibrücken vom 29. 7. 1977, VersR 78, 356 lässt die Verpflichtung einer Frau mit der Vollendung des 75. Lebensjahres enden. Bei einem Mann hat das LG Essen (vom 12. 2. 1976, VersR 77, 674 [L]) eine Mithilfepflicht ab Vollendung des 70. Lebensjahres verneint.
122 BGH vom 15. 3. 1983, VersR 83, 688 = NJW 83, 2197; OLG Hamm vom 1. 10. 1976, VersR 78, 64 (L).
123 BGH vom 24. 4. 1990, VersR 90, 907 = NZV 90, 307 = DAR 90, 296 = NJW-RR 90, 962; OLG Köln vom 17. 2. 1989, VersR 90, 1285 (L).
124 BGH vom 2. 5. 1972, VersR 72, 948 = NJW 72, 1716; BGH vom 8. 4. 1981, NJW 81, 2462.
125 BGH vom 10. 10. 1989, siehe Fn. 103.
126 BGH vom 28. 1. 1958, BGHZ 26, 282 (293) = VersR 58, 158 (161); BGH vom 28. 1. 1959, VersR 59, 424 (425).
127 BGH vom 16. 2. 1970, VersR 70, 522 = NJW 70, 1127; OLG Stuttgart vom 10. 11. 1992, VersR 93, 1536.
128 Siehe Fn. 127.
129 BGH vom 17. 10. 1978, VersR 79, 55 = NJW 79, 268.
130 Siehe Fn. 129.
131 OLG Hamm vom 1. 10. 1976, siehe Fn. 122.
132 BGH vom 19. 6. 1984, BGHZ 91, 357 = VersR 84, 936 = NJW 84, 2520; Scheffen/Pardey, siehe Fn. 59, S. 11; Pardey, DAR 94, 265.
133 A. A. Scheffen/Pardey, siehe Fn. 59, S. 14.
134 Pardey, siehe Fn. 132; Hofmann, Haftpflichtrecht f. d. Praxis, München 1989, S. 486 Rn. 83.
135 Siehe Fn. 132, S. 267.

Gleichstellung mit der Erwerbsarbeit insoweit abzulehnen[136]. Es muss auch dabei bleiben, dass der Verlust der Arbeitskraft als solcher nicht als Erwerbsschaden angesehen werden kann[137]. Das Argument, der/die Haushaltführende könnte (und würde) sonst durch eine andere entlohnte Tätigkeit auf dem Arbeitsmarkt Einkünfte erzielen[138], verfängt nicht, da ein Verzicht auf Erwerbseinkommen noch nicht mit dem konkreten Nachweis eines Erwerbsschadens gleichgesetzt werden kann.

Ein Ansatzpunkt ergibt sich aber aus dem Empfang von Naturalleistungen (Wohnung, Beköstigung, Kleidungs- und sonstiger Unterhaltsbedarf), die geldwerten Charakter haben und die Gegenleistung für die erbrachte Haushaltführung für die Partner der nicht ehelichen Lebensgemeinschaft sind[139]. Damit wird die Haushaltführung für fremde Personen zu einer entlohnten Tätigkeit. Eine Weitergewährung dieses Entgelts nach dem Schadensereignis trotz Ausfall der Haushaltführung entlastet den Schädiger nicht (§ 843 Abs. 4 BGB). Es besteht dann ein Ersatzanspruch auch im Umfang der Fremdversorgung, allerdings der Höhe nach begrenzt durch den Wert der empfangenen geldwerten Vorteile.

7. Schlusswort

Im Verletzungs- wie im Tötungsfall handelt es sich um echte Schadenersatzansprüche der Berechtigten. Dadurch ist es im Rahmen unseres Haftungssystems bedingt, dass der Umfang des Anspruchs den auch sonst gegebenen Einschränkungen unterworfen ist. Nur aus diesem Grund bleibt der Ersatzanspruch vielfach hinter den tatsächlichen Aufwendungen zurück. Mit der finanziellen oder gar moralischen Bewertung der Arbeit der/des Haushaltführenden hat dies nichts zu tun.

Ist der haushaltführende Ehegatte getötet worden, so erhält der überlebende Ehegatte schon deshalb keinen vollen Ersatz seiner Aufwendungen für die Beschäftigung einer Ersatzkraft, weil kein Schadenersatzanspruch besteht, soweit die getötete Person sich selbst versorgt hat (siehe 2.1.3). Dazu kommt dann im Regelfall noch eine weitere Kürzung wegen Wegfalls der gesetzlichen Unterhaltspflicht für den Getöteten (siehe 2.3). Steuerliche Nachteile infolge Wegfalls der bisherigen Besteuerung finden keine Berücksichtigung (siehe 2.2.2 a. E.). Ähnliches gilt bisher für oft nur schwer konkretisierbare Nachteile (z. B. Mehraufwand für Ernährung infolge ungünstigeren Einkaufs). Schließlich kann im einzelnen Fall dann auch noch die Mithilfepflicht der Angehörigen zu berücksichtigen sein (siehe 2.1.4). Es handelt sich dabei im strengen Wortsinn nicht einmal um Kürzungen eines bestehenden Anspruchs, sondern darum, dass insoweit ein Anspruch von vornherein gar nicht bestanden hat. Es ist zu bedenken, dass die Summation von Ersatzbetrag und Abzugsposten für den entstandenen Schaden steht.

Diese – von dem Berechtigten so empfundene – Beschneidung von Aufwendungen, die tatsächlich erbracht wurden, ist unvermeidlich und beruht auf den Grundsätzen unseres Haftungssystems. Es ist gar nicht zu verkennen, dass die gegebene Rechtslage dazu führt, dass die Berechtigten oft den Entschluss fassen (müssen), eine bezahlte Hilfskraft nicht einzustellen.

Im Verletzungsfall können zwar mit den Fragen der Unterhaltsersparnis, der Mithilfepflicht der Angehörigen und der Eigenversorgung der/des Verletzten keine Schwierigkeiten auftreten, doch spielen hier die Schadenminderungspflicht der/des Verletzten und die Bewertung der ausgefallenen Arbeitsstunden, wenn keine Ersatzkraft beschäftigt wird, eine Rolle. Die Interessenlage der/des anspruchsberechtigten Haushaltführenden unterscheidet sich erheblich von derjenigen der Hinterbliebenen im Tötungsfall. Der/die Verletzte kann eine bezahlte Ersatzkraft einstellen, ohne befürchten zu müssen, dass die entstehenden Aufwendungen nicht voll ersetzt werden, sofern sie sich nur nach Arbeitszeit und Entlohnung im Rahmen des Erforderlichen halten. Falls für den Verletzten die anderen Familienangehörigen oder unentgeltlich helfende Verwandte einspringen, werden allerdings auch im Verletzungsfall nicht die vollen Kosten ersetzt, die bei Anstellung einer Ersatzkraft entstehen würden. Dies ist jedoch kein Grund, die schadenersatzrechtliche Bewertung als unausgewogen zu betrachten, zumal jederzeit dazu übergegangen werden kann, auf die freiwillige Mithilfe für die Zukunft zu verzichten.

Eben diese Möglichkeit haben im Tötungsfall die anspruchsberechtigten Hinterbliebenen aus finanziellen Gründen nur beschränkt, weil ihnen der Lohn für eine Ersatzkraft aus den angeführten Gründen nicht voll ersetzt werden kann. Man kann daher abschließend feststellen, dass im Fall der Verletzung der/des Haushaltführenden der Ersatzanspruch stets zu einem vollen Ausgleich des erlittenen Schadens (auch erbrachter Aufwendungen, soweit diese sich in den Grenzen des Erforderlichen halten) führt, dass aber im Fall der Tötung der/des Haushaltführenden die anspruchsberechtigten Hinterbliebenen, falls sie Aufwendungen für eine entlohnte Ersatzkraft machen, diese aus Rechtsgründen nicht in voller Höhe erstattet erhalten können, bzw. dass der volle Ersatz erst unter Einrechnung des „Eigenanteils" gegeben ist.

---

136 Siehe etwa OLG Düsseldorf vom 21. 2. 1991, VersR 92, 1418; zur Gleichstellung: BGH vom 4. 12. 1984, VersR 85, 356 = NJW 85, 735 = DAR 85, 119.
137 BGH vom 5. 5. 1970, BGHZ 54, 45 = VersR 70, 766 = NJW 70, 1411, std. Rspr.
138 So ausdrücklich Scheffen/Pardey, siehe Fn. 59, S. 67.
139 Hofmann, siehe Fn. 134, S. 486 Rn. 83; ähnlich Pardey, siehe Fn. 132, S. 268, der auf die Rechtsprechung zum Unterhalt beim Getrenntleben von Ehegatten, wenn ein Partner eine Lebensgemeinschaft mit einem Dritten eingeht, abstellt.

Anhang

Tabelle 1

Arbeitszeitbedarf* in Haushalten bis 6 Personen in Std./Woche bei vier Anspruchsstufen (Verhaltensalternativen)

Haushaltsgröße	Anspruchsstufe**			
	1 Std./Woche	2 Std./Woche	3 Std./Woche	4 Std./Woche
reduzierter 2-Personen-Haushalt	18,8	22,7	31,6	43,4
2-Personen-Haushalt	25,4	30,8	43,0	59,0
reduzierter 3-Personen-Haushalt	33,5	39,5	52,9	71,4
3-Personen-Haushalt	38,3	45,6	61,9	83,2
reduzierter 4-Personen-Haushalt	41,5	49,0	65,6	87,5
4-Personen-Haushalt	44,1	52,7	71,3	95,5
reduzierter 5-Personen-Haushalt	45,2	54,3	74,7	100,5
5-Personen-Haushalt	49,0	58,6	81,4	110,4
reduzierter 6-Personen-Haushalt	49,2	59,0	82,1	111,7
6-Personen-Haushalt	52,5	63,1	87,7	120,5

* Zeitbedarf einschl. Arbeitszeitaufwand für Betreuung, Einkauf und Haushaltsführung. Für Haushalte ab 5 Personen wurden die Arbeitszeiten der Haushalte mit 5 und mehr Personen eingesetzt. (Quelle für den Zeitbedarf: Datensammlung für die Kalkulation der Kosten und des Arbeitszeitbedarfs im Haushalt, 4. Aufl. Bearb.: U. Betz u. a., Hrsg. KTBL. Münster-Hiltrup 1991. Quelle für den Zeitaufwand: Die Zeitverwendung der Bevölkerung. Ergebnisse der Zeitbudgeterhebung 1991/92. Familie und Haushalt. Erhebungen nach § 7 BStatG. Tabellenband III. Wiesbaden 1995; Sonderauswertung; eigene Berechnungen).

** „Mit den Verhaltensalternativen" (Anspruchsstufen) „werden unterschiedliche Verhaltensweisen modellhaft abgebildet... In den einzelnen Lebensbereichen äußert sich das verwirklichte Verhalten in Anforderungen an Sauberkeit, Hygiene, Qualität, Vielfalt und Abwechslungsreichtum, Platzbedarf und Ausstattung, um nur einige Merkmale zu nennen. Extreme Verhaltensweisen können bei der Kalkulation mit Hilfe dieser Daten nicht abgebildet werden. Es ist nicht zwingend, dass derselbe Haushalt in allen Bereichen die gleichen Verhaltensalternativen aufweist". (Aus: Datensammlung für die Kalkulation der Kosten und des Arbeitszeitbedarfs im Haushalt, a. a. O. S. 7 f.) Die Stufen bedeuten: 1 = einfach; 2 = mittel; 3 = gehoben; 4 = hoch.

Tabelle 1 a

Unterstellungen zur Ermittlung des Arbeitszeitbedarfs*

Mahlzeiten	3 pro Tag, mittags zweimal fleischlos/Woche, abends überwiegend kalt
Geschirrspülen	Von Hand in 2-Becken-Spüle, zweimal Spülen/Tag
Küche	Ohne Essecke, 10 qm
Essraum	10 qm, Boden glatt mit losem Teppich
Kellerraum	10 qm
Waschen	Mit Vollautomat, Trocknen auf Leine, Bügeln mit Bügeleisen
Badezimmer	3 qm, Badewanne, Waschbecken, WC. Getrenntes WC nicht vorhanden
Schlafzimmer	15 qm Zweibettzimmer für Eltern 15 qm Zweibettzimmer je zwei Kinder, bei ungerader Anzahl von Kindern zusätzlich ein 1-Bett-Zimmer mit 10 qm. Fußboden Textil
Wohnzimmer	20 qm Fußboden Textil
Heizung	Zentral (Öl)
Treppen	1 Geschoss = 16 Stufen
Flur	10 qm Fußboden Textil
Wirtschaftsraum	Nicht vorhanden
Vorhänge	Stores: Waschen mit Vollautomat Übergardinen: Vollvergabe

Verhaltensalternativen

Kennzeichen	1	2	3	4
Abwechslung im Speiseplan	gering	mittel	hoch	hoch
Vielfalt der Gerichte	gering	mittel	hoch	hoch
Anzahl der Gerichte (Mittagessen)	Hauptgericht	Haupt-, Nachgericht	Haupt-, Nachgericht, Getränk	Vor-, Haupt-, Nachgericht, Getränk
Art der Gerichte	überwiegend einfache	einfache und aufwändige	vermehrt aufwändige	überwiegend aufwändige
Anrichten	kein	selten Ausfüllen in Schüsseln	Ausfüllen in Schüsseln	Ausfüllen in Schüsseln
Aufwand beim Garnieren/ Tischdecken	ohne Tischdecke	kein Garnieren Tischdecke	1-2 Tischdecken/Woche	Garnieren, Tischdecken, Servietten
Geschirr	Verhaltensalternativen betreffen Geschirrmenge			
Reinigung	Verhaltensalternativen betreffen Häufigkeit der Reinigung			
Wäsche	Verhaltensalternativen betreffen Häufigkeit des Wechsels			

---

* Vgl. zur ausführlichen Darstellung: Schulz-Borck, H., unter Mitarb. von B. Grimmer, a. a. O. Zu den o. a. Unterstellungen vgl. im Einzelnen: Datensammlung für die Kalkulation der Kosten und des Arbeitszeitbedarfs im Haushalt, a. a. O.

Tabelle 2

Zu- und Abschläge in Std./Woche (Arbeitszeitbedarf)

Mahlzeiten abends vorwiegend warm
(*Mehrbedarf* Std./Woche) (S. 30 ff.)*

	1-PH	2-PH	3-PH	4-PH	5-PH	6-PH
Anspruchsstufe 1	1,3	2,3	3,0	2,8	2,9	2,8
Anspruchsstufe 2	1,4	2,6	3,0	2,3	2,6	2,8
Anspruchsstufe 3	1,3	2,6	3,0	1,9	2,0	1,4
Anspruchsstufe 4	1,5	2,6	3,0	1,9	2,0	2,1

4 Mahlzeiten pro Tag (*Mehrbedarf* Std./Woche)

	1-PH	2-PH	3-PH	4-PH	5-PH	6-PH
Anspruchsstufe 1	0,8	1,6	1,8	2,3	3,2	4,2
Anspruchsstufe 2	1,1	2,1	2,8	3,3	4,1	4,9
Anspruchsstufe 3	1,2	2,3	3,0	3,3	3,8	4,2
Anspruchsstufe 4	1,2	2,3	3,5	3,7	4,4	4,9

Technisierung (*Minderbedarf* Std./Woche)

Geschirrspüler

	1-PH	2-PH	3-PH	4-PH	5-PH	6-PH
Anspruchsstufe 1	0,7	1,3	1,4	0,9	1,0	1,0
Anspruchsstufe 2	0,7	1,3	1,4	0,9	1,0	1,0
Anspruchsstufe 3	0,6	1,3	1,2	0,6	0,6	0,6
Anspruchsstufe 4	0,6	1,3	1,2	0,6	0,6	0,6

Wäschetrockner *Minderbedarf* rd. 10 v. H. (S. 179 f.)

Bügelmaschine *Minderbedarf* rd. 20 – 50 v. H.

Vollvergabe *Minderbedarf* rd. 90 v. H. (S. 182)

Raumgröße			Stufe 1	Stufe 2	Stufe 3	Stufe 4
Wohnraum	15 qm	./.	0,1	0,4	0,6	1,2
	25 qm	+	0,1	0,1	0,2	0,4
	30 qm	+	0,2	0,3	0,5	1,1
	40 qm	+	0,3	0,5	1,1	1,6
Küche	7 qm	./.	0,0	0,0	0,2	0,3
	15 qm	+	0,1	0,1	0,2	0,4
Essraum	15 qm	+	0,2	0,4	0,5	1,1
Flur	7 qm	./.	0,2	0,3	0,5	0,9
	20 qm	+	0,1	0,2	0,3	0,5
	30 qm	+	0,2	0,2	0,9	1,4
Wirtschaftsraum			0,2	0,5	1,0	1,8

Heizung (Arbeitszeitbedarf in Std./Woche) (S. 118 ff.)

Einzelofen (Brikett, Dauerheizung)	0,7
Zeitheizung	1,0
Einzelofen (Öl)	0,2
Zentralheizung (Koks, 100 qm Wohnfläche)	1,9
je weitere 30 qm zusätzlich	0,2

Garten (Std./Jahr und qm)

Ziergarten	0,4
Gemüsegarten	0,4
Obstgarten	0,3

Kinder (Arbeitszeitbedarf in Std./Woche)

Mahlzeitenzubereitung (S. 19)

bis unter 1 Jahr selbst hergestellte Kost	3,7
industriell hergestellte Kost	2,4
1 bis unter 2 Jahre selbst hergestellte Kost	4,3
industriell hergestellte Kost	2,9
2 bis unter 5 Jahre vielseitige, gemischte Kost	6,2

Hilfe bei der **Mahlzeiteneinnahme** (S. 45)

bis unter 1 Jahr	10,3
1 bis unter 2 Jahre	6,4
2 bis unter 3 Jahre	4,9
3 bis unter 4 Jahre	4,6

Wickeln, Hilfe beim **An- u. Ausziehen** (S. 66)

	Stufe 1	Stufe 2	Stufe 3	Stufe 4
bis unter 1 Jahr	6,4	9,3	11,1	13,1
1 bis unter 2 Jahre	3,3	5,1	6,9	8,9
2 bis unter 5 Jahre	1,2	1,7	2,3	2,9

Hilfe bei der **Körperpflege** (S. 82)

	Stufe 1	Stufe 2	Stufe 3	Stufe 4
bis unter 1 Jahr	1,5	2,7	4,1	5,3
1 bis unter 2 Jahre	2,2	3,1	4,6	6,3
2 bis unter 3 Jahre	3,9	4,2	7,7	8,9
3 bis unter 5 Jahre	2,8	3,1	5,6	6,8

Betreuung (S. 101 f.)

	Stufe 1	Stufe 2	
bis unter 1 Jahr	10,0	16,2	mit Spazierenfahren
	7,9	13,9	ohne Spazierenfahren
1 bis unter 2 Jahre	15,2	24,9	mit Spazierenfahren
	11,9	21,3	ohne Spazierenfahren
2 bis unter 6 Jahre	10,4	18,0	mit Spazierenfahren
	7,2	14,0	ohne Spazierenfahren

---

* Die Seitenangaben verweisen auf die: Datensammlung für die Kalkulation der Kosten und des Arbeitszeitbedarfs im Haushalt, a. a. O.

Tabelle 3

Eingruppierung für Ersatzkräfte

A. Zeitweiliger oder dauernder überwiegender oder völliger Ausfall der/des Haushaltsführenden

Vergütungsgruppe VIII BAT (z. B. Wirtschafter[in])
- *Einfache Haushalte* ohne oder mit nicht mehr schulpflichtigen Kindern
- *Durchschnittshaushalte* ohne Kinder

Vergütungsgruppe VII BAT
(z. B. Wirtschafter[in], Familienpfleger[in])
- *Einfache Haushalte* mit Kleinkindern; mit schulpflichtigen Kindern; mit nicht mehr schulpflichtigen Kindern **und** organisatorischen **oder** sonstigen Besonderheiten
- *Durchschnittshaushalte* mit schulpflichtigen Kindern; mit nicht mehr schulpflichtigen Kindern
- *Gehobene Haushalte* ohne Kinder

Vergütungsgruppe VIb BAT
(z. B. Haus-, Familienpfleger[in]; Dorfhelfer[in])
- *Durchschnittshaushalte* mit Kleinkindern; mit vier und mehr Kindern; mit schulpflichtigen und/oder nicht mehr schulpflichtigen Kindern **und** organisatorischen **oder** sonstigen Besonderheiten
- *Gehobene Haushalte* mit schulpflichtigen und/oder nicht mehr schulpflichtigen Kindern

Vergütungsgruppe VIa bzw. Vc BAT
- *Gehobene Haushalte* mit Kleinkindern; mit vier und mehr Kindern; mit schulpflichtigen und/oder nicht mehr schulpflichtigen Kindern **und** organisatorischen **oder** sonstigen Besonderheiten

(In Sonderfällen, z. B. mehrere Kleinkinder, organisatorische Besonderheiten gegebenenfalls in Verbindung mit einer besonders herausgehobenen sozialen Stellung, ist auch eine Einstufung nach BAT Va/b bzw. IV möglich.)

B. Zeitweiliger oder dauernder teilweiser Ausfall der/des Haushaltsführenden

Vergütungsgruppe X* BAT (z. B. Wirtschaftsgehilfe[in])
- *Einfache Haushalte* ohne Kinder oder mit bereits schulpflichtigen Kindern; Leitungsfunktion wird voll von dem/der Haushaltführenden wahrgenommen

Vergütungsgruppe IXb BAT (z. B. Wirtschaftsgehilfe[in])
- *Durchschnittshaushalte* und *Gehobene Haushalte* ohne Kinder oder mit bereits schulpflichtigen Kindern; Leistungsfunktion wird voll von dem/der Haushaltsführenden wahrgenommen

Vergütungsgruppe IXa BAT
(z. B. Wirtschaftsgehilfin, Wirtschafter[in])
- Haushalte mit Kleinkindern
- Haushalte mit mehreren Kindern
- Ausfall der/des Haushaltsführenden in der Leitungsfunktion mit ca. 20 bis unter 50 %

Vergütungsgruppe VIII BAT (z. B. Wirtschafter[in])
- Ausfall der/des Haushaltsführenden in der Leitungsfunktion mit 50 % und mehr. (Höhere Einstufungen sind – insbesondere bei Mehrfachbehinderungen sowie hohen Ausfällen in der Leitungsfunktion – nicht auszuschließen. Gegebenenfalls ist zusätzlich noch mit weiteren Anforderungen durch Pflegebedürftigkeit zu rechnen.)

---

* Die Vergütungsgruppe BAT X wird praktisch kaum noch besetzt. Als unterste Gruppe für die Einstufung gleichwertiger Ersatzkräfte ist daher zunehmend die Vergütungsgruppe IXb anzunehmen.

Tabelle 4

Fragebogen zur Schadensermittlung*
(für die Fälle des zeitweiligen/dauernden *völligen Ausfalls* bzw. des zeitweiligen/dauernden *teilweisen Ausfalls* der/des Haushaltsführenden in der Haushaltsführung)

1. **Wohnort** des Haushalts mit PLZ:
   ....

2. Der Haushalt umfasst die in einer Wohn- und Wirtschaftsgemeinschaft lebenden Familienangehörigen (**Haushaltsgröße**):
   .... Personen, darunter .... Kinder

3. **Ehemann**
   3.1 Geburtsdatum: ....
   3.2 Schulbildung: ....
   3.3 Ausgeübter Beruf: ....
   3.4 Berufliche Stellung:
       [ ] Arbeiter   [ ] Angestellter,
       [ ] Beamter   [ ] Selbstständiger)**
   3.5 Wöchentliche (tarifliche) Arbeitszeit: .... Stunde
       Wegezeit insges.: .... Std./Tag
   3.6 Einkommen:
       brutto: .... DM/Monat; netto: .... DM/Monat***

4. **Ehefrau**
   4.1 Geburtsdatum: ....
   4.2 Schulbildung: ....
   4.3 [ ] verheiratet seit: ....
       [ ] geschieden seit: ....
       [ ] getrennt lebend seit: ....
       [ ] verwitwet seit: ....
   4.4 Erwerbstätigkeit neben der Haushaltführung:
       [ ] nein; [ ] ja, seit: ....
       4.41 [ ] beschäftigt mit .... Std./Woche
       4.42 [ ] selbstständig/freiberuflich
               tätig mit .... Std./Woche
   4.5 Ausgeübter Beruf: ....
   4.6 Einkommen:
       brutto: .... DM/Monat; netto: .... DM/Monat***
   4.7 Datum des Schadenereignisses: ....
       (Im Falle der Tötung: verstorben am: ....)

---

* Die Angaben sind Grundlage für die Feststellung des Umfanges und die Beurteilung des Wertes der Arbeit der/des Haushaltführenden bei Schadensersatzfällen. Die Antworten sollen die Situation des Haushaltes **vor Eintritt des Schadensereignisses** angeben. Evtl. zwischenzeitlich eingetretene Veränderungen bitte – gegebenenfalls auf einem Beiblatt – angeben.
Um Verzögerungen durch Rückfragen zu vermeiden, ist eine vollständige Beantwortung aller Fragen unerlässlich.

** Zutreffendes bitte jeweils ankreuzen.

*** Angabe ist wichtig für die Berechnung des Unterhaltsschadens.

4.8 Art des Schadenereignisses (z. B. Verkehrsunfall)

....

5. Kinder

5.1 [ ] Sohn [ ] Tochter Geburtsdatum: ....

Beruf: ...... Arbeitszeit (auch Schule): .... Std./Woche

[ ] Im Haushalt wohnend

[ ] Auswärts wohnend seit: ....

5.2 [ ] Sohn [ ] Tochter Geburtsdatum: ....

Beruf: ...... Arbeitszeit (auch Schule): .... Std./Woche

[ ] Im Haushalt wohnend

[ ] Auswärts wohnend seit: ....

5.3 [ ] Sohn [ ] Tochter Geburtsdatum: ....

Beruf: ...... Arbeitszeit (auch Schule): .... Std./Woche

[ ] Im Haushalt wohnend

[ ] Auswärts wohnend seit: ....

5.4 [ ] Sohn [ ] Tochter Geburtsdatum: ....

Beruf: ...... Arbeitszeit (auch Schule): .... Std./Woche

[ ] Im Haushalt wohnend

[ ] Auswärts wohnend seit: ....

6. Im Haushalt lebende **Verwandte**
(Stellung zum Haushaltsvorstand):

6.1 ...... Alter: .... J. Mithilfe im Haush.: .... Std./Woche

6.2 ...... Alter: .... J. Mithilfe im Haush.: .... Std./Woche

7. Sonstige im Haushalt lebende **Personen**
(außer Untermieter; Stellung im Haushalt, z. B. Hauswirtschaftslehrling):

7.1 ...... Alter: .... J. Mithilfe im Haush.: .... Std./Woche

7.2 ...... Alter: .... J. Mithilfe im Haush.: .... Std./Woche

8. Höhe des **Haushaltsnettoeinkommens** DM/Monat
(= Einkommen, das von allen im Haushalt lebenden Personen als Unterhaltsbeitrag für die Haushaltsführung zur Verfügung gestellt wird):

[ ] bis 3000 [ ] bis 5000 [ ] bis 8000 [ ] über 8000

9. Wohnverhältnisse

9.1 [ ] Eigentum [ ] Miete/Pacht

9.2 [ ] Einfamilienhaus [ ] Zweifamilienhaus

[ ] Mehrfamilienhaus

[ ] Erdgeschoss, ... Stockwerk

[ ] Fahrstuhl

9.3 Wohnfläche: .... qm

9.4 Anzahl der Räume (ohne Küche): ....

9.5 [ ] Einzelöfen [ ] Etagenheizung

[ ] Zentralheizung

Energieart: [ ] Öl [ ] Gas [ ] feste Brennstoffe

[ ] Strom [ ] ....

9.6 **Garten**

9.61 Größe: .... qm; davon Nutzgarten: .... qm

Ziergarten: .... qm

9.62 Lage: [ ] am Haus [ ] Entfernung ca. .... km

9.63 Arbeitszeitaufwand für Garten:

.... Std./Wo. bzw. .... Std./J

9.64 Wer bewirtschaftet den Garten (bei mehreren Personen bitte ungefähren Zeitanteil angeben):

....

10. Hilfskräfte
(fremde, **vor** Eintritt des Schadenereignisses)

10.1 [ ] Putzhilfe [ ] Stundenhilfe u. ä.

Arbeitszeit: .... Std./Tag bzw. .... Std./Woche

Lohn (auch Fahrtkosten u. Verpflegung):

.... DM/Std. bzw. Woche

10.2 [ ] Babysitter [ ] Praktikantin

Arbeitszeit: .... Std./Woche

Lohn (incl. wie 10.1):

.... DM/Woche bzw. .... DM/Monat

10.3 [ ] Wirtschafterin [ ] Köchin

Arbeitszeit: .... Std./Woche

Lohn (incl. wie 10.1):

.... DM/Woche bzw. .... DM/Monat

10.4 [ ] Haushälterin [ ] ....

Arbeitszeit: .... Std./Woche

Lohn (incl. wie 10.1):

.... DM/Woche bzw. .... DM/Monat

11. Mithilfe des **Ehegatten** und der **Kinder**

11.1 **Ehegatte**: .... Std./Woche

11.1.1 Mithilfe bei [ ] Einkauf

[ ] Nahrungszubereitung

[ ] Geschirrspülen

[ ] Putzen, Aufräumen, Raumreinigung

[ ] Wäschereinigung

[ ] Wäschepflege, -instandhaltung

[ ] Gartenarbeit

[ ] Haushaltsführung

[ ] Betreuung
(Kinder, andere Haushaltspersonen)

[ ] Sonstige Hausarbeiten
(z. B. Kleinreparaturen)

11.2 **Kinder**: 1. Kind: .... Std./Woche

2. Kind: .... Std./Woche

3. Kind: .... Std./Woche

4. Kind: .... Std./Woche

11.2.1 Mithilfe bei [ ] Einkauf

[ ] Nahrungszubereitung

[ ] Geschirrspülen

[ ] Putzen, Aufräumen, Raumreinigung

[ ] Wäschereinigung

[ ] Wäschepflege, -instandhaltung

[ ] Gartenarbeit

[ ] Haushaltsführung

[ ] Betreuung
(Kinder, andere Haushaltspersonen)

[ ] Sonstige Hausarbeiten
(z. B. Kleinreparaturen)

12. **Technische Hilfsmittel** für die Arbeitserledigung

[ ] Kühlschrank   [ ] Gefrierschrank

[ ] Gefriertruhe   [ ] Küchenmaschine

[ ] Handrührgerät   [ ] Mikrowelle

[ ] Geschirrspülmaschine [ ] Waschvollautomat

[ ] Waschautomat   [ ] Schleuder

[ ] Wäschetrockner   [ ] Bügeleisen

[ ] Heimbügler   [ ] mech. Nähmaschine

[ ] elt. Nähmaschine [ ] Staubsauger

[ ] Klopfsauger   [ ] ....

....

13. **Auslagerung** bzw. **Vergaben** von Haushaltsaufgaben

13.1 Teilnahme an einer Außer-Haus-Verpflegung

[ ] Ehemann: .... Anzahl Mahlzeiten/Woche

[ ] Ehefrau: .... Anzahl Mahlzeiten/Woche

[ ] 1. Kind: .... Anzahl Mahlzeiten/Woche

[ ] 2. Kind: .... Anzahl Mahlzeiten/Woche

[ ] 3. Kind: .... Anzahl Mahlzeiten/Woche

[ ] 4. Kind: .... Anzahl Mahlzeiten/Woche

....

13.2 Sonstige Vergaben

[ ] Tischwäsche   [ ] Bettwäsche

[ ] Leibwäsche   [ ] Oberhemden

[ ] ....

Vergabe: [ ] zum Waschen   [ ] zum Mangeln

[ ] zum Bügeln   [ ] Instandhaltung

[ ] Oberbekleidung zur Reinigung

14. **Besonderheiten** des Haushalts

[ ] Pflegebedürftige Personen: ....

Art der Behinderung: ....

Pflegestufe lt. Pflegeversicherung: ....

Pflegeaufwand: .... Std./Woche

[ ] Schichtarbeit: wer? ....

[ ] Pendelarbeit: wer? ....

Abwesenheit von zu Haus:

.... Tage/Woche bzw. .... Std./Woche

[ ] Repräsentationspflichten
(mit Gästebewirtung im Haus)

Häufigkeit .... x im Monat

....

15. **Versicherung** des Schädigers:

....

16. Wurde/wird als Folge des Schadensereignisses eine **Ersatzkraft** eingestellt?

[ ] nein; [ ] ja: Datum der Einstellung: ....

Eingestellt als: ....

Arbeitszeit: .... Std./Woche

Barlohn (brutto):

.... DM/ [ ] Woche / [ ] Monat

Nebenleistungen (ggf. geschätzt):

.... DM/ [ ] Woche / [ ] Monat

17. **Sonstiges** (frei für ergänzende Angaben): ....

....

....

....

....

....

....

....

18. Ergänzende Angaben für den **teilweisen Ausfall** der/des Haushaltsführenden: Bitte weiter mit **Anlage 1**

19. Ergänzende Angaben für den **völligen Ausfall** der/des Haushaltsführenden: Bitte weiter mit **Anlage 2** und **Anlage 3**

....

Datum   Unterschrift

Tabelle 4 a

Anlage 1

Angaben bei **teilweisem Ausfall** der/des Haushaltsführenden. (Sofern vorhanden <u>bitte ärztliche Gutachten beifügen</u>. Dabei sollte darauf geachtet werden, dass nicht nur Angaben über die Auswirkungen von Verletzungen/Behinderungen im Hinblick auf den allgemeinen Arbeitsmarkt gemacht werden, sondern auch entsprechende Angaben im Hinblick auf die Tätigkeit als Haushaltsführende[r].)

1. Art der **Verletzungen**: ....
   ....
   ....

2. Dauer der **stationären Aufenthalte** (einschl. Kuren u.ä.):

   2.1 vom .... bis .... 2.2 vom .... bis ....

   2.3 vom .... bis .... 2.4 vom .... bis ....

   2.5 vom .... bis .... 2.6 vom .... bis ....

3. Grad der **Erwerbsminderung** (vgl. o.a. Hinweis)

   3.1 vom .... bis .... v. H.

   3.2 vom .... bis .... v. H.

   3.3 vom .... bis .... v. H.

   3.4 vom .... bis .... v. H.

   3.5 Dauerschaden: .... v. H.

4. **Behinderungen** bei der Arbeitserledigung **im Haushalt**

   4.1 **vor** Eintritt des Schadensereignisses: ....
   ....
   ....

   4.2 **nach** Eintritt des Schadensereignisses. (Bitte ankreuzen, bei welchen Tätigkeiten Behinderungen auftreten und bitte angeben, was im Einzelnen nicht oder nur noch teilweise übernommen werden kann.):

   [ ] Einkauf: ....
   ....

   [ ] Nahrungszubereitung: ....
   ....

   [ ] Geschirrspülen: ....
   ....

   [ ] Putzen, Aufräumen, Raumreinigung: ....
   ....

   [ ] Wäschereinigung, -pflege, -instandhaltung:
   ....

   [ ] Gartenarbeit: ....
   ....

   [ ] Haushaltsführung: ....
   ....

   [ ] Betreuung/Pflege
   (Kinder, andere Haushaltspersonen): ....
   ....

   [ ] Sonstige Hausarbeiten: ....
   ....

   4.3 Geschätzte Behinderung in der Hausarbeit insgesamt (sofern keine ärztlichen Angaben vorliegen):

   .... v. H.

   4.4 Von wem werden die Arbeiten übernommen?

	Ehegatte	Kinder	sonstige Familienangehörige	fremde Arbeitskräfte
			Stunden/Woche	
[ ] Einkauf:	....	....	....	....
[ ] Nahrungszubereitung	....	....	....	....
[ ] Geschirrspülen	....	....	....	....
[ ] Putzen usw.	....	....	....	....
[ ] Wäschereinigung usw.	....	....	....	....
[ ] Gartenarbeit	....	....	....	....
[ ] Haushaltführung	....	....	....	....
[ ] Betreuung	....	....	....	....
[ ] sonst. Hausarbeiten	....	....	....	....

5. Sind als Folge des Schadenereignisses **Änderungen im Haushalt** vorgenommen worden?

   5.1 Zusätzliche Arbeiten: ....
   ....

   von wem werden diese geleistet (Angabe einschl. Std./Woche)
   ....
   ....

   5.2 Bauliche Änderungen: ....
   ....

   5.3 Techn. Änderungen (z. B. Anschaffung von Haushaltsgeräten):
   ....
   ....

   5.4 Organisatorische Änderungen (z. B. Vergaben von Hausarbeiten, Aufgabe von Schichtarbeit):
   ....
   ....

   5.5 Sonstige Änderungen: ....
   ....
   ....

Tabelle 4 b

Anlage 2

Angaben bei **völligem Ausfall** der/des Haushaltsführenden. (Die Angaben werden benötigt zur Feststellung der Verhaltensalternativen als Grundlage für die Ermittlung des Arbeitszeitbedarfes.)

1. **Angaben zur Wohnung**
   (Größe der Räume und Art des Fußbodens)

	qm	Art des Fußbodens	
1.1 Wohnzimmer	....	....	*(Bitte zutreffende Nummer einsetzen:*
	....	....	*nicht textil:*
	....	....	*ohne Teppich = 1*
1.2 Esszimmer	....	....	*Loser Teppich = 2*
	....	....	*Teppichboden:*
			Schlingenware = 3
1.3 Arbeitszimmer	....	....	*offener Flor = 4*
	....	....	*sonstiger Boden*
1.4 Schlafzimmer			*(z. B. PVC) = 5)*
1.4.1 Einbettzimmer	....	....	
	....	....	
	....	....	
1.4.2 Zweibettzimmer	....	....	
	....	....	
	....	....	
1.5 Flur/Diele	....	....	
	....	....	
1.6 Küche (ohne Essecke)	....	....	
Küche (mit Essecke)	....	....	
	....	....	
1.7 Bad	....	....	
	....	....	
1.8 Dusche	....	....	
	....	....	
1.9 WC	....	....	
	....	....	
1.10 Keller	....	....	
	....	....	
	....	....	
	....	....	

2. **Mahlzeitenzubereitung** (KTBL 91, S. 30 a)
   (Zutreffendes bitte ankreuzen [x])

   2.1 **Frühstück**: a) Brot/Brötchen/Toast, Butter, Marmelade; Kaffee, Tee, (o. ä.) [ ]
   b) Brot/Brötchen/Toast, Butter, Wurst, Käse, Ei; Kaffee, Tee, (o. ä.) [ ]
   c) a) und b) zusammen [ ]
   d) wie c) und Müsli [ ]

   2.2 **2. Frühstück**
   (falls zutreffend, bitte ankreuzen) [ ]

   2.3 **Mittagessen** (Zutreffendes bitte ankreuzen [x]):
   2.3.1: **kalt**: a) Brot, Butter, Aufschnitt, Getränk [ ]
   b) wie a) + Fisch, Eier, Gemüse (z. B. Tomaten, Radieschen), Getränk [ ]
   c) Brot, Butter, Salate, Getränk [ ]
   d) a) bis c) zusammen [ ]
   2.3.2: **warm**: a) Hauptgericht [ ]
   b) Haupt- und Nachgericht oder Vorgericht und süßes Hauptgericht [ ]
   c) wie b) + Getränk [ ]
   d) Vor-, Haupt-, Nachgericht + Getränk [ ]

   2.4 **Vesper** (falls zutreffend, bitte ankreuzen [x]) [ ]

   2.5 **Abendessen** a) Brot, Butter, Aufschnitt, Getränk [ ]
   b) wie a) + Fisch, Eier, Gemüse (z. B. Tomaten, Radieschen), Getränk [ ]
   c) Brot, Butter, Salate, Getränk [ ]
   d) a) bis c) zusammen [ ]

   2.6 **Anrichten** der Mahlzeiten (KTBL S. 31a)
   a) kein Ausfüllen in Schüsseln; geringer Geschirraufwand; kein Tischtuch [ ]
   b) selten Ausfüllen in Schüsseln; geringer Geschirraufwand; Tischtuch [ ]
   c) Ausfüllen in Schüsseln; mittlerer Geschirraufwand; 1 – 2 Tischtücher/Woche [ ]
   d) Ausfüllen in Schüsseln; Garnieren; hoher Geschirraufwand; Tischtücher; Servietten [ ]

   2.7 **Ernährung von Kleinkindern**
   (etwa ab 6 Monate. – KTBL S. 19 ff.)
   a) selbst hergestellte Kost [ ]
   b) industriell hergestellte Kost [ ]
   (Hilfe bei Mahlzeiteneinnahme a. a. O. S. 45)

3. **Geschirrreinigung** (a. a. O. S. 39 f.)
   a) Spülen von Hand [ ]
   b) Spülen mit Geschirrspülmaschine (Töpfe von Hand) [ ]
   Häufigkeit: .... x Handspülen/Tag
   .... Maschinenfüllungen/Woche

4. **Reinigung/Pflege Küche und Essraum**
   4.1 **Küche** Wie oft wird der Fußboden durchschnittlich feucht oder nass gewischt?
   .... x in der Woche
   4.2 **Essraum** Wie oft wird der Fußboden durchschnittlich gekehrt oder gesaugt?
   .... x in der Woche

(Speisekammer und Keller pauschaler Ansatz)

5. Reinigung/Pflege Tisch- und Küchenwäsche
(a. a. O. S. 42 a/27 a)

5.1 Wie oft werden die **Geschirrtücher** durchschnittlich gewechselt?

.... x in der Woche

5.2 Wie oft werden die **Tischtücher** durchschnittlich gewechselt?

.... x in der Woche

5.3 Wie erfolgt die **Reinigung der Tisch- und Küchenwäsche**?

5.3.1 – Waschen mit Vollautomat, Trocknen auf der Leine
 a) nur legen [ ]
 b) Bügeln mit Bügeleisen [ ]
 c) Bügeln mit Bügelmaschine [ ]
 d) Vergabe zum Heißmangeln [ ]

5.3.2 – Waschen mit Vollautomat, Trocknen z. T. auf der Leine z.T. mit Trockner
 a) nur legen [ ]
 b) Bügeln mit Bügeleisen [ ]
 c) Bügeln mit Bügelmaschine [ ]
 d) Vergabe zum Heißmangeln [ ]

5.3.3 – Waschen mit Vollautomat, Trocknen mit Trockner
 a) nur legen [ ]
 b) Bügeln mit Bügeleisen [ ]
 c) Bügeln mit Bügelmaschine [ ]
 d) Vergabe zum Heißmangeln [ ]

5.3.4 – Vergabe zum Waschen, Trocknen und Heißmangeln [ ]

6. Bekleidung (a. a. O. S. 57, 57 a, 61, 61 a)

6.1 Tragen Haushaltsmitglieder **Arbeitskleidung**?

ja [ ] nein [ ]

6.2 Wie oft wird im Allgemeinen die **Wäsche gewechselt**?

6.2.1 Erwachsene: .... x in der Woche

6.2.2 Kinder: .... x in der Woche

6.3 Wie erfolgt die **Reinigung/Pflege** der **Leibwäsche** und **waschbaren Oberbekleidung**?

6.3.1 – Waschen mit Vollautomat, Trocknen auf der Leine
 a) nur legen [ ]
 b) Bügeln mit Bügeleisen, Feinwäsche z. T. legen [ ]
 c) Bügeln mit Bügelmaschine, Feinwäsche z. T. mit Bügeleisen z. T. legen [ ]

6.3.2 – Waschen mit Vollautomat, Trocknen z. T. auf der Leine z. T. mit Trockner
 a) nur legen [ ]
 b) Bügeln mit Bügeleisen, Feinwäsche z. T. legen [ ]
 c) Bügeln mit Bügelmaschine, Feinwäsche z. T. mit Bügeleisen z. T. legen [ ]

6.3.3 – Waschen mit Vollautomat, Trocknen mit Trockner, Feinwäsche z. T. auf der Leine
 a) nur legen [ ]
 b) Bügeln mit Bügeleisen, Feinwäsche z. T. legen [ ]
 c) Bügeln mit Bügelmaschine, Feinwäsche z. T. mit Bügeleisen z. T. legen [ ]

6.3.4 Vergabe der Wäsche zum Waschen, legen, bügeln
 6.3.4.1 Vollvergabe [ ]
 6.3.4.2 Teilvergabe [ ]
 etwa ....%

6.4 **Reinigung/Pflege** der **nicht-waschbaren Oberbekleidung**, der **Schuhe**, Ausbessern der **Kleidung**

6.4.1 Wie oft werden die **Kleidungstücke** durchschnittlich gereinigt?

6.4.1.1 Erwachsene/Jugendliche, weiblich
 Kostüme, Kleider .... x im Jahr
 Mäntel .... x im Jahr

6.4.1.2 Erwachsene/Jugendliche, männlich
 Anzüge .... x im Jahr
 Mäntel .... x im Jahr

6.4.1.3 Kinder (6-14 Jahre)
 Anzüge/Kleider .... x im Jahr
 Mäntel .... x im Jahr

6.4.1.4 Kinder (3 u. 6 Jahre)
 Kleider, Hosen, Mäntel .... x im Jahr

6.4.2 Wie oft werden die **Schuhe** durchschnittlich gereinigt?

6.4.2.1 ohne Pflegemittel ..... x in der Woche

6.4.2.2 mit Pflegemittel ..... x in der Woche

6.4.3 Wie oft werden Wäsche und/oder Kleidungsstücke ausgebessert? *(gar nicht = 1, selten = 2, gelegentlich = 3, häufig = 4)* (Zutreffende Nummer bitte einsetzen) [ ]

6.5 **Hilfe** beim **An- und Ausziehen** bei **Kleinkindern** (a. a. O. S. 66 f., 66 a)

6.5.1 Durchschnittlicher Wechsel von **Unterbekleidung**
 Alter 0 – unter 1 Jahr .... x am Tag
 Alter 1 – unter 2 Jahre .... x am Tag
 Alter 2 – unter 5 Jahre .... x am Tag

6.5.2 Durchschnittlicher Wechsel von **Oberbekleidung**
 Alter 0 – unter 1 Jahr .... x am Tag
 Alter 1 – unter 2 Jahre .... x am Tag
 Alter 2 – unter 5 Jahre .... x am Tag

7. Gesundheits- und Körperpflege (a. a. O. S. 79, 79a)

7.1 Wie oft werden die **Sanitärräume** im Durchschnitt gereinigt?

.... x in der Woche

7.2 Wie oft werden die **Handtücher** im Durchschnitt gewechselt?

.... x in der Woche

(Wäschereinigung/Pflege wie übrige Wäsche)

7.3 **Hilfe** bei der **Körperpflege** von **Säuglingen/ Kleinkindern** (a. a. O. S. 82, 82 a)

Wie oft wird das Kind (werden die Kinder [im Alter von 0-5 Jahren]) gebadet?

.... x in der Woche

8. Schlafen (a. a. O. S. 90 ff., 90 a)

8.1 Wie oft werden die **Schlafzimmer** gereinigt?
- 8.1.1 Einbettzimmer .... x in der Woche
- 8.1.2 Zweibettzimmer .... x in der Woche

8.2 Wie oft wird im Durchschnitt die **Bettwäsche gewechsel**t?
.... x im Monat

8.3 Aus welchem **Material** besteht die Bettwäsche?
- Baumwolle, Damast [ ]
- Pflegeleichtes Material [ ]

(Waschvorgang wie bei der übrigen Wäsche unterstellt a. a. O. S. 91 ff.)

8.4 Wird die Bettwäsche außer Haus gegeben? nein [ ]
- ja, zum Heißmangeln [ ]
- ja, zum Waschen, Trocknen, Heißmangeln [ ]

....

9. Bildung und Freizeitgestaltung (a. a. O. S. 99, 99 a)

9.1 Wie oft wird der Fußboden in den **Wohnräume**n gereinigt?
.... x in der Woche

9.2 Wie oft wird der Fußboden im **Arbeitszimmer** gereinigt?
.... x in der Woche

(Betreuung von Säuglingen und Kleinkindern a. a. O. S. 101 f.)

10. Reinigung/Pflege von Treppen, Fluren usw. (a. a. O. S. 122 f.)

10.1 Wie oft werden die Treppen gereinigt?
.... x in der Woche

10.2 Wie oft wird der Fußboden in den Fluren gereinigt?
.... x in der Woche

10.3 Wie oft werden die Fußböden in Wirtschaftsräumen gereinigt?
.... x in der Woche/ im Monat

11. Reinigung/Pflege von Gardinen (a. a. O. S. 124 f.)

11.1 **Stores**

11.1.1 Wie oft werden die Stores gereinigt?
.... x im Jahr

11.1.2 Wie erfolgt die Reinigung?
- Waschen mit Vollautomat, kein Bügeln [ ]
- Vergabe zum Waschen und Trocknen [ ]

11.2 **Übergardinen**

11.2.1 Wie oft werden die Übergardinen gereinigt?
.... x im Jahr

11.2.2 Wie erfolgt die Reinigung?
- Waschen mit Vollautomat, Trocknen auf Leine
  - kein Bügeln [ ]
  - mit Bügeleisen [ ]
  - mit Bügelmaschine [ ]
  - Vergabe zum Heißmangeln [ ]
- Waschen mit Vollautomat, Trocknen mit Trockner
  - kein Bügeln [ ]
  - mit Bügeleisen [ ]
  - mit Bügelmaschine [ ]
  - Vergabe zum Heißmangeln [ ]
  - Vergabe zum Waschen, Trocknen und Bügeln [ ]

....
....
....
....
....
....
....
....
....

Tabelle 4 c

Anlage 3

Aufstellung der fixen Ausgaben/fixen Kosten (Die Erfassung der fixen Ausgaben/Kosten zum Zeitpunkt <u>vor Eintritt des Schadensereignisses</u> ist von wesentlicher Bedeutung für die Errechnung des entgangenen Unterhalts (Vorteilsausgleich). – Daher sollte im eigenen Interesse auf die vollständige Erfassung unbedingt geachtet werden. Fixe Ausgaben/Kosten werden umschrieben als vertraglich gebundene, nicht personenbezogene Ausgaben/Kosten, die nicht ohne weiteres geändert werden können. Hierzu sind im Grunde auch die Abschreibungen bzw. Rücklagen, das sind Sparbeträge, die der Erhaltung des Gebrauchsvermögens dienen, zu rechnen.)

1. Ausgaben/Kosten der Wohnung   DM/Monat
- Miete/ggf. Mietwert des Eigenheimes ....
- Personalkosten (z. B. Hausmeister) ....
- Streumaterial ....
- Gebühr für Straßen-, Gehwegreinigung ....
- Schönheitsreparaturen (vertragliche) ....
- ....

                    Zwischen-Summe 1:

2. Ausgaben/Kosten für Energie
- Strom (einschl. Grundgebühr/Zählermiete) ....
- Gas (einschl. Grundgebühr/Zählermiete) ....
- Flüssige/feste Brennstoffe ....
- Öltank-Versicherung ....
- Wartungskosten für Heizung ....
- Schornsteinfeger ....
- ....

                    Zwischen-Summe 2:

3. Abgaben/Steuern
- Wasser/Abwasser ....
- Müllgebühren ....
- Grundsteuer ....
- Gesetzl. Gebäudeversicherung ....
- ....

                    Zwischen-Summe 3:

4. Kommunikation
- Telefon-Grundgebühr ....
- Fernseh-, Rundfunkgebühr ....
- Leasinggebühren für Fernseher ....
- ....

                    Zwischen-Summe 4:

5. Verkehr
- Pkw-Steuer ....
- Pkw-Haftpflichtversicherung ....
- Pkw-Kaskoversicherung ....
- Pkw-Unfall-/Rechtsschutz-Versicherung ....
- Schutzbriefe ....
- Klubbeiträge (z. B. ADAC) ....
- Garagenmiete ....
- Wartungsdienst ....
- Rücklage für Abschreibung ....
- ....

                    Zwischen-Summe 5:
                      Übertrag 1 – 5: ....

Übertrag 1 – 5: ....

6. Versicherungen
- Familien-Haftpflichtversicherung ....
- Tierhalter-, Grundbesitzer-Haftpflichtversicherung ....
- Familien-Unfallversicherung ....
- Familien-Rechtsschutzversicherung ....
- Hausratversicherung ....
- Sturmschaden-, Leitungswasserschadenversicherung ....
- Private Krankenversicherung ....
- ....
- ....
- ....

                    Zwischen-Summe 6:

7. Sonstiges
- Zeitschriften-Abonnements ....
- Buchklub ....
- Vereinsbeiträge ....
- Wartungsverträge ....
- Trinkgelder (z. B. Post, Müllabfuhr) ....
- Rücklagen Ersatzbeschaffung (z. B. Mobiliar) ....
- ....

                    Zwischen-Summe 7:
                Summe 1 – 7 insgesamt: ....

Werden Waisenrenten gezahlt? [ ] nein
wenn ja

	Zeitraum		DM/Monat
	vom	bis	
1. Kind	....	....	....
2. Kind	....	....	....
3. Kind	....	....	....
4. Kind	....	....	....

Tabelle 5 (Programmierung: Hans-Joachim Günther, staatl. gepr. Betriebswirt)

Monatsvergütungen in DM* bei Wochenarbeitszeiten von 1-70 Stunden in den Vergütungsgruppen BAT X – IVa

Ledige (Grundtabelle)   Einkommensteuertarif ab 2000 (unter Einschluss des Solidaritätszuschlages [5,5%])

Vergütungen ab 01.04.1999   Sozialversicherung (einschl. Pflegeversicherung) ab 01.01.2000

* Monatsvergütung:
  Arbeitszeit in Std./Woche x 4 348 x Stundenvergütung einschl. anteiliges Urlaubsgeld und anteilige Weihnachtszuwendung.

Brutto: Ohne Arbeitgeberanteil zur Sozialversicherung.

Steuer: Berechnung nach dem Einkommensteuertarif unter Berücksichtigung der Vorsorgepauschale (vgl. Steuerentlastungsgesetz 1999. – In: BGBl., T. I, Nr. 84 v. 23.12.1998, S. 3779 ff.; vgl. ebenso: Steuerentlastungsgesetz 1999/2000/2002. – In: BGBl., T. I, Nr. 15 v. 31. 3. 1999, S. 402 ff).

Sozialversicherung:
Bei einer Beschäftigung unter 15 Std./Woche und einem Arbeitsentgelt bis 630 DM/Monat besteht für den Arbeitnehmer Versicherungsfreiheit. Mehrere geringfügige Beschäftigungen sind zusammenzurechnen. (Vgl.: Gesetz zur Neuregelung der geringfügigen Beschäftigungsverhältnisse. In: BGBl., T. I, Nr. 14 v. 29. 3. 1999, S. 388 ff.; vgl. auch: AOK Niedersachsen. Beitragstabelle. Gültig ab 1. Januar 2000). Bei Vergütungen über 6 450 DM wurde der Krankenversicherungsbeitrag – wegen Überschreitung der Versicherungspflichtgrenze – nicht in Abzug gebracht. Für die Pflegeversicherung wurde der Höchstsatz eingerechnet. (Zu den Beitragssätzen vgl. Tab. 7, Fn.) Altersrentner sind frei in der Rentenversicherung. Es fällt lediglich der Arbeitgeberanteil an. Nach Vollendung des 65. Lebensjahres entfällt die Arbeitslosenversicherung. Ebenso sind Erwerbsunfähigkeitsrentner frei in der Arbeitslosenversicherung.

noch Tabelle 5

	Stundenvergütung: X BAT 17.23 DM						Stundenvergütung IX b BAT 18.15 DM					
Std.	Brutto	Steuern	Sozial-vers.	Summe DM	Abzüge %	Netto	Brutto	Steuern	Sozial-vers.	Summe DM	Abzüge %	Netto
1.0	81.92	.00	.00	.00	.0	81.92	86.22	.00	.00	.00	.0	86.22
2.0	163.84	.00	.00	.00	.0	163.84	172.43	.00	.00	.00	.0	172.43
3.0	245.75	.00	.00	.00	.0	245.75	258.65	.00	.00	.00	.0	258.65
4.0	327.67	.00	.00	.00	.0	327.67	344.87	.00	.00	.00	.0	344.87
5.0	409.59	.00	.00	.00	.0	409.59	431.08	.00	.00	.00	.0	431.08
6.0	491.51	.00	.00	.00	.0	491.51	517.30	.00	.00	.00	.0	517.30
7.0	573.43	.00	.00	.00	.0	573.43	603.52	.00	.00	.00	.0	603.52
8.0	655.34	.00	135.33	135.33	20.6	520.02	689.73	.00	142.43	142.43	20.6	547.30
9.0	737.26	.00	152.24	152.24	20.6	585.02	775.95	.00	160.23	160.23	20.6	615.72
10.0	819.18	.00	169.16	169.16	20.6	650.02	862.17	.00	178.04	178.04	20.6	684.13
11.0	901.10	.00	186.08	186.08	20.6	715.02	948.39	.00	195.84	195.84	20.6	752.54
12.0	983.02	.00	202.99	202.99	20.6	780.02	1034.60	.00	213.65	213.65	20.6	820.96
13.0	1064.93	.00	219.91	219.91	20.6	845.02	1120.82	.00	231.45	231.45	20.6	889.37
14.0	1146.85	.00	236.82	236.82	20.6	910.03	1207.04	.00	249.25	249.25	20.6	957.78
15.0	1228.77	.00	253.74	253.74	20.6	975.03	1293.25	.00	267.06	267.06	20.6	1026.20
16.0	1310.69	.00	270.66	270.66	20.6	1040.03	1379.47	.00	284.86	284.86	20.6	1094.61
17.0	1392.61	.00	287.57	287.57	20.6	1105.03	1465.69	.00	302.66	302.66	20.6	1163.02
18.0	1474.52	.00	304.49	304.49	20.6	1170.03	1551.90	.00	320.47	320.47	20.6	1231.44
19.0	1556.44	.00	321.41	321.41	20.6	1235.04	1638.12	3.00	338.27	341.27	20.8	1296.85
20.0	1638.36	4.00	338.32	342.32	20.9	1296.04	1724.34	19.70	356.08	375.78	21.8	1348.56
21.0	1720.28	18.70	355.24	373.94	21.7	1346.34	1810.55	35.70	373.88	409.58	22.6	1400.97
22.0	1802.19	33.50	372.15	405.65	22.5	1396.54	1896.77	52.00	391.68	443.68	23.4	1453.09
23.0	1884.11	49.80	389.07	438.87	23.3	1445.24	1982.99	68.50	409.49	477.99	24.1	1505.00
24.0	1966.03	65.10	405.99	471.09	24.0	1494.95	2069.20	89.80	427.29	517.09	25.0	1552.11
25.0	2047.95	85.30	422.90	508.20	24.8	1539.75	2155.42	110.30	445.09	555.39	25.8	1600.03
26.0	2129.87	104.50	439.82	544.32	25.6	1585.55	2241.64	133.30	462.90	596.20	26.6	1645.44
27.0	2211.78	125.20	456.73	581.93	26.3	1629.85	2327.85	154.33	480.70	635.04	27.3	1692.82
28.0	2293.70	146.00	473.65	619.65	27.0	1674.05	2414.07	181.10	498.51	679.61	28.2	1734.47
29.0	2375.62	168.48	490.57	659.05	27.7	1716.57	2500.29	208.10	516.31	724.41	29.0	1775.88
30.0	2457.54	195.37	507.48	702.85	28.6	1754.69	2586.51	232.63	534.11	766.75	29.6	1819.76
31.0	2539.46	219.62	524.40	744.01	29.3	1795.44	2672.72	260.80	551.92	812.72	30.4	1860.01
32.0	2621.37	244.13	541.31	785.45	30.0	1835.93	2758.94	290.55	569.72	860.27	31.2	1898.67
33.0	2703.29	271.14	558.23	829.37	30.7	1873.93	2845.16	319.25	587.52	906.78	31.9	1938.38
34.0	2785.21	298.36	575.15	873.50	31.4	1911.71	2931.37	348.37	605.33	953.70	32.5	1977.68
35.0	2867.13	327.16	592.06	919.22	32.1	1947.90	3017.59	377.80	623.13	1000.94	33.2	2016.65
36.0	2949.05	355.02	608.98	963.99	32.7	1985.05	3103.81	407.66	640.94	1048.59	33.8	2055.21
37.0	3030.96	383.28	625.89	1009.18	33.3	2021.79	3190.02	434.98	658.74	1093.72	34.3	2096.30
38.0	3112.88	411.77	642.81	1054.58	33.9	2058.30	3276.24	462.62	676.54	1139.17	34.8	2137.07
38.5	3153.84	424.01	651.27	1075.28	34.1	2078.56	3319.35	475.18	685.45	1160.62	35.0	2158.73
39.0	3194.10	436.35	659.58	1095.94	34.3	2098.16	3361.76	489.10	694.20	1183.31	35.2	2178.45
40.0	3274.61	461.25	676.21	1137.46	34.7	2137.15	3446.57	514.43	711.72	1226.14	35.6	2220.43
41.0	3355.12	486.36	692.83	1179.19	35.1	2175.93	3531.38	541.43	729.23	1270.66	36.0	2260.72
42.0	3435.63	511.68	709.46	1221.14	35.5	2214.50	3616.19	568.65	746.74	1315.39	36.4	2300.79
43.0	3516.14	537.21	726.08	1263.29	35.9	2252.85	3701.00	596.15	764.26	1360.44	36.8	2340.56
44.0	3596.65	562.95	742.71	1305.66	36.3	2290.99	3785.81	623.93	781.77	1405.70	37.1	2380.11
45.0	3677.17	588.91	759.33	1348.24	36.7	2328.92	3870.62	651.89	799.28	1451.17	37.5	2419.45
46.0	3757.68	615.07	775.96	1391.03	37.0	2366.64	3955.43	678.58	816.80	1495.38	37.8	2460.05
47.0	3838.19	640.07	792.59	1432.66	37.3	2405.53	4040.24	707.07	834.31	1541.38	38.2	2498.86
48.0	3918.70	666.66	809.21	1475.87	37.7	2442.83	4125.05	735.76	851.82	1587.58	38.5	2537.46
49.0	3999.21	693.56	825.84	1519.40	38.0	2479.81	4209.86	764.77	869.34	1634.11	38.8	2575.75
50.0	4079.72	720.57	842.46	1563.04	38.3	2516.69	4294.67	793.89	886.85	1680.74	39.1	2613.92
51.0	4160.23	747.90	859.09	1606.98	38.6	2553.25	4379.48	823.33	904.36	1727.69	39.4	2651.78
52.0	4240.74	775.43	875.71	1651.14	38.9	2589.60	4464.29	853.08	921.88	1774.95	39.8	2689.33
53.0	4321.25	803.18	892.34	1695.52	39.2	2625.74	4549.10	881.46	939.39	1820.84	40.0	2728.25
54.0	4401.77	831.24	908.96	1740.20	39.5	2661.56	4633.91	911.63	956.90	1868.53	40.3	2765.37
55.0	4482.28	859.31	925.59	1784.90	39.8	2697.38	4718.72	942.12	974.41	1916.53	40.6	2802.19
56.0	4562.79	886.20	942.22	1828.42	40.1	2734.37	4803.53	972.72	991.93	1964.64	40.9	2838.88
57.0	4643.30	914.80	958.84	1873.64	40.4	2769.66	4888.34	1003.63	1009.44	2013.07	41.2	2875.27
58.0	4723.81	943.70	975.47	1919.17	40.6	2804.64	4973.15	1034.85	1026.95	2061.81	41.5	2911.34
59.0	4804.32	972.72	992.09	1964.81	40.9	2839.51	5057.96	1064.50	1044.45	2108.97	41.7	2948.98
60.0	4884.83	1002.04	1008.72	2010.76	41.2	2874.07	5142.77	1096.15	1061.98	2158.13	42.0	2984.63
61.0	4965.34	1031.48	1025.34	2056.82	41.4	2908.52	5227.58	1128.12	1079.49	2207.61	42.2	3019.96
62.0	5045.85	1061.33	1041.97	2103.30	41.7	2942.55	5312.39	1160.29	1097.01	2257.30	42.5	3055.09
63.0	5126.36	1091.19	1058.59	2149.79	41.9	2976.58	5397.20	1192.68	1114.52	2307.20	42.7	3089.99
64.0	5206.88	1121.47	1075.22	2196.69	42.2	3010.19	5482.01	1225.38	1132.03	2357.42	43.0	3124.59
65.0	5287.39	1150.06	1091.85	2241.91	42.4	3045.48	5566.81	1258.20	1149.55	2407.74	43.3	3159.07
66.0	5367.90	1180.66	1108.47	2289.13	42.6	3078.77	5651.63	1289.63	1167.06	2456.69	43.5	3194.93
67.0	5448.41	1211.56	1125.10	2336.66	42.9	3111.75	5736.44	1322.87	1184.57	2507.45	43.7	3228.99
68.0	5528.92	1242.58	1141.72	2384.31	43.1	3144.61	5821.25	1356.63	1202.09	2558.71	44.0	3262.53
69.0	5609.43	1273.91	1158.35	2432.26	43.4	3177.17	5906.05	1390.39	1219.60	2609.99	44.2	3296.06
70.0	5689.94	1305.36	1174.97	2480.33	43.6	3209.61	5990.86	1424.57	1237.11	2661.68	44.4	3329.18

noch Tabelle 5

	Stundenvergütung: IX a BAT 18.49 DM						Stundenvergütung VIII BAT 19.19 DM					
Std.	Brutto	Steuern	Sozial-vers.	Summe DM	Abzüge %	Netto	Brutto	Steuern	Sozial-vers.	Summe DM	Abzüge %	Netto
1.0	87.81	.00	.00	.00	.0	87.81	91.08	.00	.00	.00	.0	91.08
2.0	175.61	.00	.00	.00	.0	175.61	182.15	.00	.00	.00	.0	182.15
3.0	263.42	.00	.00	.00	.0	263.42	273.23	.00	.00	.00	.0	273.23
4.0	351.22	.00	.00	.00	.0	351.22	364.31	.00	.00	.00	.0	364.31
5.0	439.03	.00	.00	.00	.0	439.03	455.38	.00	.00	.00	.0	455.38
6.0	526.83	.00	.00	.00	.0	526.83	546.46	.00	.00	.00	.0	546.46
7.0	614.64	.00	.00	.00	.0	614.64	637.54	.00	131.65	131.65	20.6	505.88
8.0	702.44	.00	145.05	145.05	20.6	557.39	728.61	.00	150.46	150.46	20.6	578.15
9.0	790.25	.00	163.19	163.19	20.6	627.06	819.69	.00	169.27	169.27	20.6	650.42
10.0	878.06	.00	181.32	181.32	20.6	696.74	910.76	.00	188.07	188.07	20.6	722.69
11.0	965.86	.00	199.45	199.45	20.6	766.41	1001.84	.00	206.88	206.88	20.6	794.96
12.0	1053.67	.00	217.58	217.58	20.6	836.08	1092.92	.00	225.69	225.69	20.6	867.23
13.0	1141.47	.00	235.71	235.71	20.6	905.76	1183.99	.00	244.49	244.49	20.6	939.50
14.0	1229.28	.00	253.85	253.85	20.6	975.43	1275.07	.00	263.30	263.30	20.6	1011.77
15.0	1317.08	.00	271.98	271.98	20.6	1045.11	1366.15	.00	282.11	282.11	20.6	1084.04
16.0	1404.89	.00	290.11	290.11	20.6	1114.78	1457.22	.00	300.92	300.92	20.6	1156.31
17.0	1492.69	.00	308.24	308.24	20.6	1184.45	1548.30	.00	319.72	319.72	20.6	1228.58
18.0	1580.50	.00	326.37	326.37	20.6	1254.13	1639.38	4.00	338.53	342.53	20.9	1296.85
19.0	1668.31	8.20	344.51	352.71	21.1	1315.60	1730.45	20.80	357.34	378.14	21.9	1352.31
20.0	1756.11	25.00	362.64	387.64	22.1	1368.47	1821.53	37.90	376.15	414.05	22.7	1407.48
21.0	1843.92	42.10	380.77	422.87	22.9	1421.05	1912.61	54.10	394.95	449.05	23.5	1463.55
22.0	1931.72	59.60	398.90	458.50	23.7	1473.22	2003.68	74.00	413.76	487.76	24.3	1515.92
23.0	2019.53	77.40	417.03	494.43	24.5	1525.10	2094.76	95.40	432.57	527.97	25.2	1566.79
24.0	2107.33	98.90	435.16	534.06	25.3	1573.27	2185.84	118.30	451.38	569.68	26.1	1616.16
25.0	2195.14	120.60	453.30	573.90	26.1	1621.24	2276.91	141.40	470.18	611.58	26.9	1665.33
26.0	2282.95	143.70	471.43	615.13	26.9	1667.82	2367.99	167.05	488.99	656.04	27.7	1711.95
27.0	2370.75	167.05	489.56	656.61	27.7	1714.14	2459.07	195.37	507.80	703.16	28.6	1755.90
28.0	2458.56	195.37	507.69	703.06	28.6	1755.50	2550.14	222.61	526.60	749.21	29.4	1800.93
29.0	2546.36	221.05	525.82	746.87	29.3	1799.49	2641.22	250.57	545.41	795.98	30.1	1845.24
30.0	2634.17	249.30	543.96	793.25	30.1	1840.91	2732.29	281.48	564.22	845.70	31.0	1886.60
31.0	2721.97	277.47	562.09	839.56	30.8	1882.41	2823.37	311.44	583.03	894.47	31.7	1928.91
32.0	2809.78	307.53	580.22	887.75	31.6	1922.02	2914.45	343.09	601.83	944.92	32.4	1969.52
33.0	2897.58	336.45	598.35	934.80	32.3	1962.79	3005.52	373.89	620.64	994.53	33.1	2010.99
34.0	2985.39	367.04	616.48	983.53	32.9	2001.86	3096.60	406.28	639.45	1045.73	33.8	2050.87
35.0	3073.20	396.79	634.61	1031.40	33.6	2041.79	3187.68	434.98	658.26	1093.24	34.3	2094.44
36.0	3161.00	426.75	652.75	1079.50	34.2	2081.50	3278.75	462.62	677.06	1139.69	34.8	2139.07
37.0	3248.81	452.92	670.88	1123.80	34.6	2125.01	3369.83	490.58	695.87	1186.45	35.2	2183.38
38.0	3336.61	480.77	689.01	1169.78	35.1	2166.84	3460.91	520.12	714.68	1234.80	35.7	2226.11
38.5	3380.51	494.80	698.08	1192.87	35.3	2187.64	3506.44	534.36	724.08	1258.44	35.9	2248.00
39.0	3423.72	507.46	707.00	1214.45	35.5	2209.26	3551.28	548.60	733.34	1281.94	36.1	2269.34
40.0	3510.12	534.36	724.84	1259.20	35.9	2250.92	3640.95	577.30	751.86	1329.16	36.5	2311.79
41.0	3596.51	562.95	742.68	1305.63	36.3	2290.88	3730.62	604.94	770.37	1375.31	36.9	2355.31
42.0	3682.91	590.38	760.52	1350.90	36.7	2332.01	3820.29	634.17	788.89	1423.06	37.2	2397.24
43.0	3769.31	618.02	778.36	1396.39	37.0	2372.92	3909.96	663.71	807.41	1471.11	37.6	2438.85
44.0	3855.71	645.98	796.20	1442.18	37.4	2413.53	3999.63	693.56	825.92	1519.49	38.0	2480.15
45.0	3942.11	674.05	814.05	1488.09	37.7	2454.01	4089.30	723.63	844.44	1568.07	38.3	2521.23
46.0	4028.51	704.11	831.89	1536.00	38.1	2492.51	4178.97	754.01	862.96	1616.97	38.7	2562.00
47.0	4114.91	732.70	849.73	1582.43	38.5	2532.47	4268.64	784.71	881.47	1666.19	39.0	2602.45
48.0	4201.31	761.61	867.57	1629.18	38.8	2572.12	4358.31	815.62	899.99	1715.62	39.4	2642.69
49.0	4287.70	790.83	885.41	1676.24	39.1	2611.46	4447.98	846.75	918.51	1765.26	39.7	2682.72
50.0	4374.10	820.27	903.25	1723.52	39.4	2650.58	4537.65	878.29	937.02	1815.32	40.0	2722.33
51.0	4460.50	851.50	921.09	1772.59	39.7	2687.91	4627.32	910.05	955.54	1865.59	40.3	2761.73
52.0	4546.90	881.46	938.93	1820.39	40.0	2726.51	4716.99	942.12	974.06	1916.17	40.6	2800.81
53.0	4633.30	911.63	956.78	1868.41	40.3	2764.89	4806.66	974.30	992.57	1966.87	40.9	2839.78
54.0	4719.70	942.12	974.62	1916.73	40.6	2802.96	4896.33	1007.00	1011.09	2018.09	41.2	2878.24
55.0	4806.10	972.72	992.46	1965.17	40.9	2840.92	4986.00	1038.12	1029.61	2067.73	41.5	2918.26
56.0	4892.49	1005.31	1010.30	2015.61	41.2	2876.88	5075.67	1071.25	1048.12	2119.37	41.8	2956.29
57.0	4978.89	1036.54	1028.14	2064.68	41.5	2914.21	5165.33	1104.59	1066.64	2171.23	42.0	2994.10
58.0	5065.29	1067.88	1045.98	2113.86	41.7	2951.43	5255.00	1138.24	1085.16	2223.40	42.3	3031.60
59.0	5151.69	1099.53	1063.82	2163.35	42.0	2988.34	5344.67	1172.11	1103.68	2275.79	42.6	3068.89
60.0	5238.09	1131.49	1081.67	2213.16	42.3	3024.93	5434.34	1206.40	1122.19	2328.59	42.8	3105.76
61.0	5324.49	1165.36	1099.51	2264.86	42.5	3059.62	5524.01	1240.79	1140.71	2381.50	43.1	3142.51
62.0	5410.89	1197.85	1117.35	2315.20	42.8	3095.69	5613.68	1275.60	1159.23	2434.83	43.4	3178.85
63.0	5497.29	1230.45	1135.19	2365.64	43.0	3131.64	5703.35	1310.63	1177.74	2488.37	43.6	3214.98
64.0	5583.68	1263.37	1153.03	2416.40	43.3	3167.28	5793.02	1345.97	1196.26	2542.23	43.9	3250.79
65.0	5670.08	1296.50	1170.87	2467.37	43.5	3202.71	5882.69	1381.43	1214.78	2596.20	44.1	3286.49
66.0	5756.48	1331.83	1188.71	2520.55	43.8	3235.93	5972.36	1417.29	1233.29	2650.59	44.4	3321.77
67.0	5842.88	1365.49	1206.55	2572.04	44.0	3270.84	6062.03	1453.48	1251.81	2705.29	44.6	3356.74
68.0	5929.28	1399.36	1224.40	2623.75	44.3	3305.52	6151.70	1489.88	1270.33	2760.20	44.9	3391.50
69.0	6015.68	1433.54	1242.24	2675.78	44.5	3339.90	6241.37	1524.69	1288.84	2813.53	45.1	3427.84
70.0	6102.08	1467.93	1260.08	2728.01	44.7	3374.06	6331.04	1561.62	1307.36	2868.98	45.3	3462.06

noch Tabelle 5

	Stundenvergütung: VII BAT 20.44 DM						Stundenvergütung VI a/b BAT 21.78 DM					
Std.	Brutto	Steuern	Sozial-vers.	Summe DM	Abzüge %	Netto	Brutto	Steuern	Sozial-vers.	Summe DM	Abzüge %	Netto
1.0	96.92	.00	.00	.00	.0	96.92	103.18	.00	.00	.00	.0	103.18
2.0	193.83	.00	.00	.00	.0	193.83	206.36	.00	.00	.00	.0	206.36
3.0	290.75	.00	.00	.00	.0	290.75	309.54	.00	.00	.00	.0	309.54
4.0	387.67	.00	.00	.00	.0	387.67	412.72	.00	.00	.00	.0	412.72
5.0	484.59	.00	.00	.00	.0	484.59	515.89	.00	.00	.00	.0	515.89
6.0	581.50	.00	.00	.00	.0	581.50	619.07	.00	.00	.00	.0	619.07
7.0	678.42	.00	140.09	140.09	20.6	538.33	722.25	.00	149.15	149.15	20.6	573.11
8.0	775.34	.00	160.11	160.11	20.6	615.23	825.43	.00	170.45	170.45	20.6	654.98
9.0	872.26	.00	180.12	180.12	20.6	692.14	928.61	.00	191.76	191.76	20.6	736.85
10.0	969.17	.00	200.13	200.13	20.6	769.04	1031.79	.00	213.06	213.06	20.6	818.72
11.0	1066.09	.00	220.15	220.15	20.6	845.94	1134.97	.00	234.37	234.37	20.6	900.60
12.0	1163.01	.00	240.16	240.16	20.6	922.85	1238.15	.00	255.68	255.68	20.6	982.47
13.0	1259.93	.00	260.17	260.17	20.6	999.75	1341.32	.00	276.98	276.98	20.6	1064.34
14.0	1356.84	.00	280.19	280.19	20.6	1076.66	1444.50	.00	298.29	298.29	20.6	1146.21
15.0	1453.76	.00	300.20	300.20	20.6	1153.56	1547.68	.00	319.60	319.60	20.6	1228.09
16.0	1550.68	.00	320.22	320.22	20.6	1230.46	1650.86	5.10	340.90	346.00	21.0	1304.86
17.0	1647.60	5.10	340.23	345.33	21.0	1302.27	1754.04	25.00	362.21	387.21	22.1	1366.83
18.0	1744.51	22.90	360.24	383.14	22.0	1361.37	1857.22	44.30	383.52	427.82	23.0	1429.40
19.0	1841.43	42.10	380.26	422.36	22.9	1419.08	1960.40	64.00	404.82	468.82	23.9	1491.58
20.0	1938.35	59.60	400.27	459.87	23.7	1478.48	2063.58	88.70	426.13	514.83	24.9	1548.75
21.0	2035.27	81.90	420.28	502.18	24.7	1533.08	2166.76	113.70	447.44	561.14	25.9	1605.62
22.0	2132.18	104.50	440.14	544.64	25.6	1587.39	2269.93	140.20	468.74	608.94	26.8	1660.99
23.0	2229.10	129.80	460.31	590.11	26.5	1638.99	2373.11	168.48	490.05	658.53	27.7	1714.58
24.0	2326.02	153.00	480.32	633.32	27.2	1692.69	2476.29	201.02	511.35	712.37	28.8	1763.92
25.0	2422.93	183.97	500.34	684.30	28.2	1738.63	2579.47	231.47	532.66	764.13	29.6	1815.34
26.0	2519.85	213.97	520.35	734.32	29.1	1785.54	2682.65	264.70	553.97	818.67	30.5	1863.98
27.0	2616.77	242.87	540.36	783.23	29.9	1833.54	2785.83	299.63	575.27	874.90	31.4	1910.93
28.0	2713.69	274.94	560.38	835.32	30.8	1878.37	2889.01	333.81	596.58	930.39	32.2	1958.62
29.0	2810.60	307.53	580.39	887.92	31.6	1922.68	2992.19	368.41	617.89	986.30	33.0	2005.89
30.0	2907.52	340.45	600.40	940.86	32.4	1966.67	3095.37	404.91	639.19	1044.11	33.7	2051.26
31.0	3004.44	373.89	620.42	994.31	33.1	2010.13	3198.54	437.83	660.50	1098.32	34.3	2100.22
32.0	3101.36	407.66	640.43	1048.09	33.8	2053.27	3301.72	469.58	681.81	1151.39	34.9	2150.33
33.0	3198.27	437.83	660.44	1098.27	34.3	2100.01	3404.90	501.76	703.11	1204.88	35.4	2200.03
34.0	3295.19	468.21	680.46	1148.67	34.9	2146.52	3508.08	534.36	724.42	1258.78	35.9	2249.30
35.0	3392.11	497.54	700.47	1198.01	35.3	2194.09	3611.26	567.28	745.73	1313.00	36.4	2298.26
36.0	3489.03	528.56	720.48	1249.05	35.8	2239.98	3714.44	600.51	767.03	1367.54	36.8	2346.89
37.0	3585.94	558.63	740.50	1299.12	36.2	2286.82	3817.62	634.17	788.34	1422.50	37.3	2395.11
38.0	3682.86	590.38	760.51	1350.89	36.7	2331.97	3920.80	668.24	809.64	1477.88	37.7	2442.91
38.5	3731.32	606.32	770.52	1376.83	36.9	2354.49	3972.39	684.59	820.30	1504.89	37.9	2467.49
39.0	3779.08	620.98	780.38	1401.36	37.1	2377.72	4023.27	702.53	830.81	1533.34	38.1	2489.94
40.0	3874.59	651.89	800.10	1451.99	37.5	2422.60	4125.05	735.76	851.82	1587.58	38.5	2537.46
41.0	3970.10	684.59	819.83	1504.42	37.9	2465.68	4226.82	770.89	872.84	1643.73	38.9	2583.09
42.0	4065.61	716.14	839.55	1555.69	38.3	2509.92	4328.59	804.76	893.85	1698.61	39.2	2629.98
43.0	4161.12	747.90	859.27	1607.17	38.6	2553.95	4430.36	840.52	914.87	1755.39	39.6	2674.97
44.0	4256.63	780.07	878.99	1659.07	39.0	2597.56	4532.13	876.71	935.89	1812.59	40.0	2719.54
45.0	4352.14	814.04	898.72	1712.76	39.4	2639.38	4633.91	911.63	956.90	1868.53	40.3	2765.37
46.0	4447.65	846.75	918.44	1765.19	39.7	2682.46	4735.68	948.45	977.92	1926.37	40.7	2809.31
47.0	4543.16	879.87	938.16	1818.04	40.0	2725.13	4837.45	984.11	998.93	1983.04	41.0	2854.41
48.0	4638.67	913.21	957.89	1871.10	40.3	2767.57	4939.22	1021.67	1019.95	2041.62	41.3	2897.61
49.0	4734.18	948.45	977.61	1926.06	40.7	2808.12	5040.99	1059.64	1040.97	2100.61	41.7	2940.38
50.0	4829.69	982.42	997.33	1979.75	41.0	2849.94	5142.77	1096.15	1061.98	2158.13	42.0	2984.63
51.0	4925.20	1016.71	1017.05	2033.76	41.3	2891.44	5244.54	1134.87	1083.00	2217.87	42.3	3026.67
52.0	5020.71	1051.31	1036.78	2088.09	41.6	2932.62	5346.31	1173.90	1104.01	2277.91	42.6	3068.39
53.0	5116.22	1086.13	1056.50	2142.63	41.9	2973.59	5448.08	1211.56	1125.03	2336.59	42.9	3111.49
54.0	5211.74	1123.05	1076.22	2199.28	42.2	3012.46	5549.85	1251.24	1146.04	2397.28	43.2	3152.57
55.0	5307.25	1158.60	1095.95	2254.55	42.5	3052.70	5651.63	1289.63	1167.06	2456.69	43.5	3194.93
56.0	5402.76	1194.37	1115.67	2310.04	42.8	3092.72	5753.40	1330.04	1188.08	2518.12	43.8	3235.28
57.0	5498.27	1230.45	1135.39	2365.84	43.0	3132.42	5855.17	1370.77	1209.09	2579.86	44.1	3275.31
58.0	5593.78	1268.64	1155.11	2423.76	43.3	3170.02	5956.94	1410.12	1230.11	2640.23	44.3	3316.71
59.0	5689.29	1305.36	1174.84	2480.19	43.6	3209.09	6058.71	1451.58	1251.12	2702.71	44.6	3356.01
60.0	5784.80	1342.39	1194.56	2536.95	43.9	3247.85	6160.48	1491.67	1272.14	2763.81	44.9	3396.67
61.0	5880.31	1379.73	1214.28	2594.02	44.1	3286.29	6262.26	1533.87	1293.16	2827.03	45.1	3435.23
62.0	5975.82	1417.29	1234.01	2651.30	44.4	3324.52	6364.03	1576.49	1314.17	2890.66	45.4	3473.37
63.0	6071.33	1457.07	1253.73	2710.80	44.6	3360.53	6465.80	1617.53	888.92	2506.45	38.8	3959.35
64.0	6166.84	1495.36	1273.45	2768.81	44.9	3398.03	6567.57	1660.79	902.05	2562.83	39.0	4004.74
65.0	6262.35	1533.87	1293.18	2827.05	45.1	3435.30	6669.34	1704.46	915.18	2619.64	39.3	4049.71
66.0	6357.86	1572.80	1312.90	2885.69	45.4	3472.17	6771.12	1746.56	928.30	2674.86	39.5	4096.26
67.0	6453.37	1613.74	887.31	2501.05	38.8	3952.32	6872.89	1790.87	941.43	2732.30	39.8	4140.59
68.0	6548.88	1653.19	899.64	2552.83	39.0	3996.05	6974.66	1833.60	954.56	2788.16	40.0	4186.50
69.0	6644.39	1693.07	911.96	2605.02	39.2	4039.37	7076.43	1878.75	967.69	2846.44	40.2	4229.99
70.0	6739.90	1733.16	924.28	2657.43	39.4	4082.47	7178.20	1924.22	980.82	2905.03	40.5	4273.17

noch Tabelle 5

	Stundenvergütung: V c BAT 23.46 DM						Stundenvergütung V a/b BAT 25.69 DM					
Std.	Brutto	Steuern	Sozial-vers.	Summe DM	Abzüge %	Netto	Brutto	Steuern	Sozial-vers.	Summe DM	Abzüge %	Netto
1.0	111.03	.00	.00	.00	.0	111.03	121.12	.00	.00	.00	.0	121.12
2.0	222.06	.00	.00	.00	.0	222.06	242.25	.00	.00	.00	.0	242.25
3.0	333.09	.00	.00	.00	.0	333.09	363.37	.00	.00	.00	.0	363.37
4.0	444.12	.00	.00	.00	.0	444.12	484.50	.00	.00	.00	.0	484.50
5.0	555.15	.00	.00	.00	.0	555.15	605.62	.00	.00	.00	.0	605.62
6.0	666.17	.00	137.56	137.56	20.6	528.61	726.75	.00	150.07	150.07	20.6	576.67
7.0	777.20	.00	160.49	160.49	20.6	616.71	847.87	.00	175.09	175.09	20.6	672.79
8.0	888.23	.00	183.42	183.42	20.6	704.81	969.00	.00	200.10	200.10	20.6	768.90
9.0	999.26	.00	206.35	206.35	20.6	792.91	1090.12	.00	225.11	225.11	20.6	865.01
10.0	1110.29	.00	229.27	229.27	20.6	881.02	1211.25	.00	250.12	250.12	20.6	961.12
11.0	1221.32	.00	252.20	252.20	20.6	969.12	1332.37	.00	275.13	275.13	20.6	1057.24
12.0	1332.35	.00	275.13	275.13	20.6	1057.22	1453.49	.00	300.15	300.15	20.6	1153.35
13.0	1443.38	.00	298.06	298.06	20.6	1145.32	1574.62	.00	325.16	325.16	20.6	1249.46
14.0	1554.41	.00	320.98	320.98	20.6	1233.42	1695.74	13.50	350.17	363.67	21.4	1332.07
15.0	1665.44	8.20	343.91	352.11	21.1	1313.32	1816.87	36.80	375.18	411.98	22.7	1404.88
16.0	1776.46	29.30	366.84	396.14	22.3	1380.32	1937.99	59.60	400.20	459.80	23.7	1478.20
17.0	1887.49	50.90	389.77	440.67	23.3	1446.83	2059.12	87.50	425.21	512.71	24.9	1546.41
18.0	1998.52	73.00	412.69	485.69	24.3	1512.83	2180.24	117.10	450.22	567.32	26.0	1612.92
19.0	2109.55	98.90	435.62	534.52	25.3	1575.03	2301.37	148.40	475.23	623.63	27.1	1677.73
20.0	2220.58	127.50	458.55	586.05	26.4	1634.53	2422.49	183.97	500.24	684.21	28.2	1738.28
21.0	2331.61	155.77	481.48	637.24	27.3	1694.37	2543.61	221.05	525.26	746.31	29.3	1797.31
22.0	2442.64	189.62	504.40	694.02	28.4	1748.62	2664.74	259.53	550.27	809.80	30.4	1854.94
23.0	2553.67	223.77	527.33	751.10	29.4	1802.56	2785.86	299.63	575.28	874.91	31.4	1910.96
24.0	2664.70	259.53	550.26	809.79	30.4	1854.90	2906.99	339.08	600.29	939.38	32.3	1967.61
25.0	2775.73	295.72	573.19	868.91	31.3	1906.82	3028.11	381.81	625.31	1007.12	33.3	2020.99
26.0	2886.75	333.81	596.11	929.92	32.2	1956.83	3149.24	422.64	650.32	1072.96	34.1	2076.28
27.0	2997.78	371.15	619.04	990.20	33.0	2007.59	3270.36	459.88	675.33	1135.21	34.7	2135.15
28.0	3108.81	409.03	641.97	1051.00	33.8	2057.82	3391.49	497.54	700.34	1197.89	35.3	2193.60
29.0	3219.84	444.68	664.90	1109.58	34.5	2110.26	3512.61	535.73	725.35	1261.09	35.9	2251.52
30.0	3330.87	479.39	687.82	1167.22	35.0	2163.65	3633.74	574.45	750.37	1324.82	36.5	2308.92
31.0	3441.90	513.05	710.75	1223.80	35.6	2218.10	3754.86	613.60	775.38	1388.97	37.0	2365.89
32.0	3552.93	548.60	733.68	1282.28	36.1	2270.64	3875.98	653.37	800.39	1453.76	37.5	2422.23
33.0	3663.96	584.58	756.61	1341.19	36.6	2322.77	3997.11	693.56	825.40	1518.96	38.0	2478.14
34.0	3774.99	619.50	779.53	1399.04	37.1	2375.95	4118.23	734.18	850.42	1584.60	38.5	2533.63
35.0	3886.02	656.32	802.46	1458.78	37.5	2427.23	4239.36	775.43	875.43	1650.86	38.9	2588.50
36.0	3997.04	693.56	825.39	1518.95	38.0	2478.09	4360.48	815.62	900.44	1716.06	39.4	2644.42
37.0	4108.07	729.75	848.32	1578.06	38.4	2530.01	4481.61	857.72	925.45	1783.18	39.8	2698.43
38.0	4219.10	767.83	871.24	1639.08	38.8	2580.03	4602.73	900.45	950.46	1850.91	40.2	2751.82
38.5	4274.62	786.19	882.71	1668.90	39.0	2605.72	4663.29	922.81	962.97	1885.78	40.4	2777.51
39.0	4329.43	806.34	894.03	1700.37	39.3	2629.06	4723.32	943.70	975.37	1919.07	40.6	2804.25
40.0	4439.05	843.69	916.66	1760.35	39.7	2678.70	4843.36	987.38	1000.15	1987.53	41.0	2855.83
41.0	4548.68	881.46	939.30	1820.76	40.0	2727.92	4963.40	1029.89	1024.94	2054.84	41.4	2908.57
42.0	4658.30	921.23	961.94	1883.17	40.4	2775.13	5083.44	1074.52	1049.73	2124.25	41.8	2959.19
43.0	4767.92	959.74	984.58	1944.32	40.8	2823.60	5203.49	1119.68	1074.52	2194.20	42.2	3009.29
44.0	4877.54	998.77	1007.21	2005.98	41.1	2871.56	5323.53	1163.67	1099.31	2262.98	42.5	3060.55
45.0	4987.16	1039.71	1029.85	2069.56	41.5	2917.60	5443.57	1209.78	1124.10	2333.87	42.9	3109.70
46.0	5096.79	1079.58	1052.49	2132.07	41.8	2964.72	5563.61	1256.51	1148.89	2405.39	43.2	3158.22
47.0	5206.41	1119.68	1075.12	2194.80	42.2	3011.61	5683.66	1301.77	1173.67	2475.45	43.6	3208.21
48.0	5316.03	1161.98	1097.76	2259.74	42.5	3056.29	5803.70	1349.46	1198.46	2547.92	43.9	3255.78
49.0	5425.65	1202.92	1120.40	2323.31	42.8	3102.34	5923.74	1397.56	1223.25	2620.82	44.2	3302.92
50.0	5535.27	1246.06	1143.03	2389.10	43.2	3146.18	6043.78	1446.20	1248.04	2694.24	44.6	3349.54
51.0	5644.90	1287.84	1165.67	2453.51	43.5	3191.38	6163.83	1493.47	1272.83	2766.30	44.9	3397.53
52.0	5754.52	1330.04	1188.31	2518.35	43.8	3236.17	6283.87	1543.15	1297.62	2840.77	45.2	3443.10
53.0	5864.14	1374.35	1210.94	2585.30	44.1	3278.84	6403.91	1593.26	1322.41	2915.67	45.5	3488.24
54.0	5973.76	1417.29	1233.58	2650.88	44.4	3322.89	6523.95	1642.00	896.42	2538.42	38.9	3985.53
55.0	6083.38	1460.66	1256.22	2716.88	44.7	3366.51	6643.99	1693.07	911.91	2604.97	39.2	4039.02
56.0	6193.01	1506.33	1278.86	2785.19	45.0	3407.82	6764.04	1744.66	927.39	2672.05	39.5	4091.99
57.0	6302.63	1550.54	1301.49	2852.03	45.3	3450.60	6884.08	1794.77	942.88	2737.65	39.8	4146.43
58.0	6412.25	1595.06	1324.13	2919.19	45.5	3493.06	7004.12	1847.31	958.36	2805.67	40.1	4198.45
59.0	6521.87	1642.00	896.15	2538.16	38.9	3983.72	7124.16	1900.48	973.85	2874.33	40.3	4249.84
60.0	6631.50	1687.37	910.29	2597.66	39.2	4033.83	7244.21	1951.97	989.33	2941.30	40.6	4302.91
61.0	6741.12	1733.16	924.43	2657.59	39.4	4083.53	7364.25	2006.08	1004.82	3010.90	40.9	4353.35
62.0	6850.74	1781.26	938.58	2719.84	39.7	4130.90	7484.29	2060.63	1020.30	3080.93	41.2	4403.36
63.0	6960.36	1827.79	952.72	2780.51	39.9	4179.85	7604.33	2113.59	1035.79	3149.38	41.4	4454.95
64.0	7069.98	1876.85	966.86	2843.70	40.2	4226.28	7724.38	2169.09	1051.27	3220.36	41.7	4504.01
65.0	7179.61	1924.22	981.00	2905.22	40.5	4274.39	7844.42	2225.11	1066.76	3291.87	42.0	4552.55
66.0	7289.23	1971.91	995.14	2967.05	40.7	4322.18	7964.46	2279.55	1082.25	3361.79	42.2	4602.67
67.0	7398.85	2022.12	1009.28	3031.41	41.0	4367.44	8084.50	2336.62	1097.73	3434.35	42.5	4650.15
68.0	7508.47	2070.76	1023.42	3094.18	41.2	4414.29	8204.54	2394.12	1113.22	3507.33	42.7	4697.21
69.0	7618.09	2119.71	1037.56	3157.28	41.4	4460.82	8324.59	2449.93	1128.70	3578.63	43.0	4745.96
70.0	7727.72	2171.19	1051.71	3222.90	41.7	4504.82	8444.63	2508.48	1144.19	3652.66	43.3	4791.96

noch Tabelle 5

	Stundenvergütung: IV b BAT 27.80 DM						Stundenvergütung IV a BAT 30.20 DM					
Std.	Brutto	Steuern	Sozial-vers.	Summe DM	Abzüge %	Netto	Brutto	Steuern	Sozial-vers.	Summe DM	Abzüge %	Netto
1.0	130.98	.00	.00	.00	.0	130.98	142.20	.00	.00	.00	.0	142.20
2.0	261.97	.00	.00	.00	.0	261.97	284.40	.00	.00	.00	.0	284.40
3.0	392.95	.00	.00	.00	.0	392.95	426.60	.00	.00	.00	.0	426.60
4.0	523.94	.00	.00	.00	.0	523.94	568.79	.00	.00	.00	.0	568.79
5.0	654.92	.00	135.24	135.24	20.6	519.68	710.99	.00	146.82	146.82	20.6	564.17
6.0	785.90	.00	162.29	162.29	20.6	623.61	853.19	.00	176.18	176.18	20.6	677.01
7.0	916.89	.00	189.34	189.34	20.6	727.55	995.39	.00	205.55	205.55	20.6	789.84
8.0	1047.87	.00	216.39	216.39	20.6	831.49	1137.59	.00	234.91	234.91	20.6	902.68
9.0	1178.86	.00	243.43	243.43	20.6	935.42	1279.79	.00	264.28	264.28	20.6	1015.51
10.0	1309.84	.00	270.48	270.48	20.6	1039.36	1421.98	.00	293.64	293.64	20.6	1128.35
11.0	1440.82	.00	297.53	297.53	20.6	1143.29	1564.18	.00	323.00	323.00	20.6	1241.18
12.0	1571.81	.00	324.58	324.58	20.6	1247.23	1706.38	16.50	352.37	368.87	21.6	1337.51
13.0	1702.79	15.50	351.63	367.13	21.6	1335.67	1848.58	42.10	381.73	423.83	22.9	1424.75
14.0	1833.78	39.90	378.67	418.57	22.8	1415.20	1990.78	70.70	411.10	481.80	24.2	1508.98
15.0	1964.76	65.10	405.72	470.82	24.0	1493.94	2132.98	104.50	440.46	544.96	25.5	1588.02
16.0	2095.74	95.40	432.77	528.17	25.2	1567.57	2275.18	141.40	469.82	611.22	26.9	1663.95
17.0	2226.73	128.60	459.82	588.42	26.4	1638.31	2417.37	182.53	499.19	681.72	28.2	1735.65
18.0	2357.71	162.85	486.87	649.72	27.6	1707.99	2559.57	225.14	528.55	753.69	29.4	1805.88
19.0	2488.70	205.33	513.92	719.25	28.9	1769.45	2701.77	271.14	557.92	829.05	30.7	1872.72
20.0	2619.68	244.13	540.96	785.10	30.0	1834.58	2843.97	317.98	587.28	905.26	31.8	1938.71
21.0	2750.66	287.91	568.01	855.93	31.1	1894.74	2986.17	367.04	616.64	983.69	32.9	2002.48
22.0	2881.65	331.17	595.06	926.23	32.1	1955.42	3128.37	417.15	646.01	1063.16	34.0	2065.21
23.0	3012.63	376.53	622.11	998.64	33.1	2013.99	3270.57	459.88	675.37	1135.25	34.7	2135.32
24.0	3143.61	421.27	649.16	1070.42	34.1	2073.19	3412.76	504.61	704.74	1209.35	35.4	2203.42
25.0	3274.60	461.25	676.20	1137.45	34.7	2137.14	3554.96	548.60	734.10	1282.70	36.1	2272.26
26.0	3405.58	501.76	703.25	1205.02	35.4	2200.57	3697.16	594.71	763.46	1358.17	36.7	2338.99
27.0	3536.57	542.81	730.30	1273.11	36.0	2263.46	3839.36	641.55	792.83	1434.38	37.4	2404.98
28.0	3667.55	584.58	757.35	1341.93	36.6	2325.62	3981.56	687.55	822.19	1509.74	37.9	2471.82
29.0	3798.53	628.26	784.40	1412.66	37.2	2385.88	4123.76	735.76	851.56	1587.32	38.5	2536.44
30.0	3929.52	671.19	811.45	1482.64	37.7	2446.88	4265.96	783.13	880.92	1664.05	39.0	2601.90
31.0	4060.50	714.66	838.49	1553.15	38.3	2507.35	4408.15	832.72	910.28	1743.00	39.5	2665.15
32.0	4191.49	758.55	865.54	1624.10	38.7	2567.39	4550.35	883.04	939.65	1822.69	40.1	2727.67
33.0	4322.47	803.18	892.59	1695.77	39.2	2626.70	4692.55	932.41	969.01	1901.43	40.5	2791.13
34.0	4453.45	848.33	919.64	1767.97	39.7	2685.48	4834.75	984.11	998.38	1982.48	41.0	2852.27
35.0	4584.44	894.12	946.69	1840.80	40.2	2743.63	4976.95	1034.85	1027.74	2062.59	41.4	2914.36
36.0	4715.42	940.43	973.73	1914.17	40.6	2801.26	5119.15	1087.82	1057.10	2144.92	41.9	2974.22
37.0	4846.41	987.38	1000.78	1988.16	41.0	2858.25	5261.34	1141.62	1086.47	2228.09	42.3	3033.26
38.0	4977.39	1036.54	1027.83	2064.37	41.5	2913.02	5403.54	1194.37	1115.63	2310.20	42.8	3093.34
38.5	5042.88	1059.64	1041.36	2101.00	41.7	2941.88	5474.64	1221.80	1130.51	2352.32	43.0	3122.33
39.0	5107.84	1084.54	1054.77	2139.31	41.9	2968.52	5545.20	1249.54	1145.08	2394.63	43.2	3150.57
40.0	5237.74	1131.49	1081.59	2213.09	42.3	3024.65	5686.32	1303.56	1174.22	2477.79	43.6	3208.53
41.0	5367.64	1180.66	1108.42	2289.08	42.6	3078.56	5827.44	1358.32	1203.37	2561.68	44.0	3265.75
42.0	5497.54	1230.45	1135.24	2365.70	43.0	3131.85	5968.55	1415.50	1232.51	2648.01	44.4	3320.55
43.0	5627.44	1280.78	1162.07	2442.84	43.4	3184.60	6109.67	1471.62	1261.65	2733.27	44.7	3376.40
44.0	5757.34	1331.83	1188.89	2520.73	43.8	3236.62	6250.78	1530.18	1290.79	2820.97	45.1	3429.82
45.0	5887.25	1383.32	1215.72	2599.04	44.1	3288.21	6391.90	1587.67	1319.93	2907.60	45.5	3484.30
46.0	6017.15	1435.33	1242.54	2677.88	44.5	3339.27	6533.02	1645.70	897.59	2543.29	38.9	3989.73
47.0	6147.05	1486.18	1269.37	2755.55	44.8	3391.50	6674.13	1706.36	915.79	2622.16	39.3	4051.98
48.0	6276.95	1539.46	1296.19	2835.65	45.2	3441.30	6815.25	1765.76	934.00	2699.76	39.6	4115.49
49.0	6406.85	1593.26	1323.02	2916.28	45.5	3490.57	6956.37	1825.89	952.20	2778.09	39.9	4178.27
50.0	6536.76	1647.60	898.07	2545.67	38.9	3991.09	7097.48	1888.56	970.41	2858.97	40.3	4238.52
51.0	6666.66	1702.56	914.83	2617.39	39.3	4049.26	7238.60	1950.06	988.61	2938.67	40.6	4299.93
52.0	6796.56	1758.16	931.59	2689.74	39.6	4106.81	7379.71	2012.10	1006.81	3018.91	40.9	4360.80
53.0	6926.46	1814.18	948.34	2762.53	39.9	4163.93	7520.83	2076.78	1025.02	3101.79	41.2	4419.04
54.0	7056.36	1870.94	965.10	2836.04	40.2	4220.32	7661.95	2140.28	1043.22	3183.50	41.5	4478.44
55.0	7186.26	1926.12	981.86	2907.98	40.5	4278.29	7803.06	2204.42	1061.43	3265.85	41.9	4537.22
56.0	7316.17	1983.93	998.62	2982.55	40.8	4333.62	7944.18	2271.21	1079.63	3350.84	42.2	4593.34
57.0	7446.07	2042.38	1015.37	3057.75	41.1	4388.32	8085.30	2336.62	1097.83	3434.45	42.5	4650.85
58.0	7575.97	2101.35	1032.13	3133.48	41.4	4442.49	8226.41	2404.87	1116.04	3520.91	42.8	4705.50
59.0	7705.87	2160.86	1048.89	3209.74	41.7	4496.13	8367.53	2471.55	1134.24	3605.80	43.1	4761.73
60.0	7835.77	2220.99	1065.64	3286.64	41.9	4549.14	8508.64	2538.97	1152.45	3691.41	43.4	4817.23
61.0	7965.67	2281.66	1082.40	3364.06	42.2	4601.62	8649.76	2609.23	1164.23	3773.46	43.6	4876.30
62.0	8095.58	2340.84	1099.16	3440.00	42.5	4655.58	8790.88	2678.02	1164.23	3842.25	43.7	4948.63
63.0	8225.48	2402.66	1115.92	3518.58	42.8	4706.90	8931.99	2747.44	1164.23	3911.67	43.8	5020.33
64.0	8355.38	2465.02	1132.67	3597.69	43.1	4757.69	9073.11	2819.81	1164.23	3984.04	43.9	5089.07
65.0	8485.28	2528.10	1149.43	3677.53	43.3	4807.75	9214.23	2890.60	1164.23	4054.83	44.0	5159.40
66.0	8615.18	2591.61	1164.23	3755.84	43.6	4859.34	9355.34	2961.92	1164.23	4126.15	44.1	5229.19
67.0	8745.08	2655.76	1164.23	3819.99	43.7	4925.10	9496.46	3036.30	1164.23	4200.53	44.2	5295.93
68.0	8874.99	2720.43	1164.23	3884.66	43.8	4990.32	9637.58	3109.09	1164.23	4273.32	44.3	5364.26
69.0	9004.89	2785.73	1164.23	3949.96	43.9	5054.92	9778.69	3184.94	1164.23	4349.17	44.5	5429.52
70.0	9134.79	2849.35	1164.23	4013.58	43.9	5121.21	9919.81	3258.90	1164.23	4423.13	44.6	5496.67

Tabelle 5a (Programmierung: Hans-Joachim Günther, staatl. gepr. Betriebswirt)

Monatsvergütungen in DM* bei Wochenarbeitszeiten von 39 – 70 Stunden in den Vergütungsgruppen BAT X - IVa

Ledige (Grundtabelle)
Einkommensteuertarif ab 2000
Vergütungen ab 01. 04. 1999

Berechnungen mit Überstundenvergütungen*
(unter Einschluss des Solidaritätszuschlages [5,5%])
Sozialversicherung (einschl. Pflegeversicherung) ab 01. 01. 2000

	Überstundenvergütung: X BAT 21.54 DM						Überstundenvergütung IX b BAT 22.69 DM					
Std.	Brutto	Steuern	Sozial-vers.	Summe DM	Abzüge %	Netto	Brutto	Steuern	Sozial-vers.	Summe DM	Abzüge %	Netto
39.0	3204.17	439.10	661.66	1100.76	34.4	2103.41	3372.36	491.95	696.39	1188.34	35.2	2184.02
39.5	3254.49	455.76	672.05	1127.81	34.7	2126.68	3425.37	508.83	707.34	1216.17	35.5	2209.20
40.0	3304.82	470.96	682.44	1153.40	34.9	2151.41	3478.39	524.34	718.29	1242.63	35.7	2235.76
41.0	3405.47	501.76	703.23	1204.99	35.4	2200.47	3584.41	558.63	740.18	1298.81	36.2	2285.60
42.0	3506.12	534.36	724.01	1258.37	35.9	2247.74	3690.43	593.33	762.07	1355.41	36.7	2335.03
43.0	3606.77	565.80	744.80	1310.60	36.3	2296.17	3796.46	626.78	783.97	1410.75	37.2	2385.71
44.0	3707.42	597.66	765.58	1363.24	36.8	2344.18	3902.48	662.23	805.86	1468.09	37.6	2434.39
45.0	3808.07	631.21	786.37	1417.58	37.2	2390.49	4008.51	696.52	827.76	1524.27	38.0	2484.23
46.0	3908.72	663.71	807.15	1470.86	37.6	2437.86	4114.53	732.70	849.65	1582.35	38.5	2532.17
47.0	4009.37	696.52	827.93	1524.45	38.0	2484.92	4220.55	767.83	871.54	1639.38	38.8	2581.18
48.0	4110.02	731.23	848.72	1579.94	38.4	2530.08	4326.58	804.76	893.44	1698.20	39.3	2628.38
49.0	4210.67	764.77	869.50	1634.28	38.8	2576.40	4432.60	840.52	915.33	1755.86	39.6	2676.74
50.0	4311.32	800.12	890.29	1690.40	39.2	2620.92	4538.63	878.29	937.23	1815.52	40.0	2723.11
51.0	4411.97	834.30	911.07	1745.37	39.6	2666.60	4644.65	916.38	959.12	1875.50	40.4	2769.15
52.0	4512.62	868.80	931.86	1800.65	39.9	2711.97	4750.67	953.30	981.01	1934.32	40.7	2816.36
53.0	4613.27	905.20	952.64	1857.84	40.3	2755.43	4856.70	992.23	1002.91	1995.14	41.1	2861.56
54.0	4713.92	940.43	973.43	1913.86	40.6	2800.07	4962.72	1029.89	1024.80	2054.70	41.4	2908.03
55.0	4814.57	975.98	994.21	1970.19	40.9	2844.38	5068.75	1069.56	1046.70	2116.26	41.8	2952.49
56.0	4915.22	1013.44	1014.99	2028.43	41.3	2886.79	5174.77	1107.96	1068.59	2176.55	42.1	2998.22
57.0	5015.87	1049.73	1035.78	2085.50	41.6	2930.37	5280.79	1148.37	1090.48	2238.86	42.4	3041.94
58.0	5116.52	1086.13	1056.56	2142.69	41.9	2973.83	5386.82	1189.20	1112.38	2301.58	42.7	3085.24
59.0	5217.18	1124.74	1077.35	2202.09	42.2	3015.09	5492.84	1228.76	1134.27	2363.03	43.0	3129.81
60.0	5317.83	1161.98	1098.13	2260.11	42.5	3057.71	5598.87	1270.33	1156.17	2426.50	43.3	3172.37
61.0	5418.48	1201.23	1118.92	2320.14	42.8	3098.33	5704.89	1310.63	1178.06	2488.69	43.6	3216.20
62.0	5519.13	1239.10	1139.70	2378.80	43.1	3140.32	5810.92	1352.94	1199.95	2552.90	43.9	3258.02
63.0	5619.78	1277.40	1160.48	2437.88	43.4	3181.90	5916.94	1394.08	1221.85	2615.93	44.2	3301.01
64.0	5720.43	1317.60	1181.27	2498.87	43.7	3221.56	6022.96	1437.23	1243.74	2680.97	44.5	3341.99
65.0	5821.08	1356.63	1202.05	2558.68	44.0	3262.40	6128.99	1478.90	1265.64	2744.54	44.8	3384.45
66.0	5921.73	1395.77	1222.84	2618.61	44.2	3303.12	6235.01	1522.79	1287.53	2810.32	45.1	3424.69
67.0	6022.38	1437.23	1243.62	2680.85	44.5	3341.53	6341.04	1567.11	1309.42	2876.53	45.4	3464.51
68.0	6123.03	1477.11	1264.41	2741.51	44.8	3381.51	6447.06	1610.04	1331.32	2941.36	45.6	3505.70
69.0	6223.68	1519.10	1285.19	2804.29	45.1	3419.39	6553.08	1655.19	900.18	2555.37	39.0	3997.71
70.0	6324.33	1559.72	1305.97	2865.69	45.3	3458.64	6659.11	1698.76	913.85	2612.62	39.2	4046.49

* 38,5 Std./Woche x 4 348 x Stundenvergütung einschl. anteiliges Urlaubsgeld und anteilige Weihnachtszuwendung plus Überstunden/Woche x 4 348 x Überstundenvergütung einschl. anteilige Weihnachtszuwendung.
Unterstellt ist eine regelmäßige monatliche Ableistung von Überstunden. Nicht berücksichtigt ist dabei, ob die Überstunden auch an Sonn- und Feiertagen und/oder nachts geleistet werden. Hierfür fallen Sonderzuschläge an. Darüber hinaus gelten steuerliche Sonderregelungen.

noch Tabelle 5 a

	Überstundenvergütung: IX a BAT 23.11 DM						Überstundenvergütung VIII BAT 23.99 DM					
Std.	Brutto	Steuern	Sozial-vers.	Summe DM	Abzüge %	Netto	Brutto	Steuern	Sozial-vers.	Summe DM	Abzüge %	Netto
39.0	3434.51	511.68	709.23	1220.90	35.5	2213.60	3562.49	551.45	735.66	1287.11	36.1	2275.39
39.5	3488.50	528.56	720.38	1248.94	35.8	2239.56	3618.54	570.13	747.23	1317.36	36.4	2301.19
40.0	3542.49	545.76	731.53	1277.28	36.1	2265.21	3674.59	587.53	758.80	1346.33	36.6	2328.26
41.0	3650.48	580.25	753.82	1334.08	36.5	2316.40	3786.69	623.93	781.95	1405.88	37.1	2380.81
42.0	3758.47	615.07	776.12	1391.20	37.0	2367.27	3898.79	660.75	805.10	1465.85	37.6	2432.94
43.0	3866.45	650.31	798.42	1448.73	37.5	2417.72	4010.89	698.00	828.25	1526.24	38.1	2484.64
44.0	3974.44	686.07	820.72	1506.79	37.9	2467.65	4122.99	735.76	851.40	1587.16	38.5	2535.83
45.0	4082.43	722.15	843.02	1565.17	38.3	2517.25	4235.09	773.85	874.55	1648.40	38.9	2586.69
46.0	4190.41	758.55	865.32	1623.87	38.8	2566.54	4347.18	812.46	897.69	1710.16	39.3	2637.03
47.0	4298.40	795.47	887.62	1683.09	39.2	2615.31	4459.28	849.91	920.84	1770.76	39.7	2688.53
48.0	4406.39	832.72	909.92	1742.64	39.5	2663.75	4571.38	889.37	943.99	1833.36	40.1	2738.02
49.0	4514.37	870.38	932.22	1802.60	39.9	2711.78	4683.48	929.25	967.14	1896.39	40.5	2787.10
50.0	4622.36	908.36	954.52	1862.88	40.3	2759.48	4795.58	969.55	990.29	1959.83	40.9	2835.75
51.0	4730.35	946.87	976.82	1923.68	40.7	2806.66	4907.68	1010.17	1013.44	2023.60	41.2	2884.07
52.0	4838.33	985.69	999.12	1984.81	41.0	2853.53	5019.78	1051.31	1036.58	2087.90	41.6	2931.88
53.0	4946.32	1024.94	1021.42	2046.35	41.4	2899.97	5131.88	1092.88	1059.73	2152.61	41.9	2979.26
54.0	5054.31	1064.50	1043.71	2108.22	41.7	2946.09	5243.97	1134.87	1082.88	2217.75	42.3	3026.23
55.0	5162.29	1104.59	1066.01	2170.60	42.0	2991.69	5356.07	1177.28	1106.03	2283.31	42.6	3072.76
56.0	5270.28	1145.00	1088.31	2233.31	42.4	3036.97	5468.17	1220.11	1129.18	2349.29	43.0	3118.88
57.0	5378.27	1185.82	1110.61	2296.44	42.7	3081.83	5580.27	1263.37	1152.33	2415.69	43.3	3164.57
58.0	5486.25	1226.97	1132.91	2359.88	43.0	3126.37	5692.37	1305.36	1175.47	2480.83	43.6	3211.54
59.0	5594.24	1268.64	1155.21	2423.85	43.3	3170.39	5804.47	1349.46	1198.62	2548.08	43.9	3256.39
60.0	5702.23	1310.63	1177.51	2488.14	43.6	3214.09	5916.57	1394.08	1221.77	2615.85	44.2	3300.72
61.0	5810.21	1352.94	1199.81	2552.75	43.9	3257.46	6028.66	1438.92	1244.92	2683.84	44.5	3344.82
62.0	5918.20	1395.77	1222.11	2617.88	44.2	3300.32	6140.76	1484.29	1268.07	2752.36	44.8	3388.41
63.0	6026.19	1438.92	1244.41	2683.33	44.5	3342.86	6252.86	1530.18	1291.22	2821.39	45.1	3431.47
64.0	6134.17	1482.59	1266.71	2749.30	44.8	3384.87	6364.96	1576.49	1314.36	2890.85	45.4	3474.11
65.0	6242.16	1526.49	1289.01	2815.49	45.1	3426.67	6477.06	1623.12	890.37	2513.49	38.8	3963.56
66.0	6350.15	1570.90	1311.31	2882.21	45.4	3467.94	6589.16	1670.28	904.83	2575.11	39.1	4014.05
67.0	6458.13	1615.63	887.93	2503.56	38.8	3954.57	6701.26	1717.86	919.29	2637.15	39.4	4064.10
68.0	6566.12	1660.79	901.86	2562.65	39.0	4003.47	6813.35	1765.76	933.75	2699.51	39.6	4113.84
69.0	6674.11	1706.36	915.79	2622.15	39.3	4051.96	6925.45	1812.28	948.21	2760.50	39.9	4164.96
70.0	6782.09	1752.36	929.72	2682.08	39.5	4100.02	7037.55	1861.03	962.67	2823.70	40.1	4213.85

	Überstundenvergütung: VII BAT 25.55 DM						Überstundenvergütung VI a/b BAT 27.23 DM					
Std.	Brutto	Steuern	Sozial-vers.	Summe DM	Abzüge %	Netto	Brutto	Steuern	Sozial-vers.	Summe DM	Abzüge %	Netto
39.0	3791.01	625.41	782.84	1408.25	37.1	2382.76	4036.00	705.59	833.43	1539.02	38.1	2496.98
39.5	3850.71	644.50	795.17	1439.67	37.4	2411.03	4099.62	726.69	846.57	1573.26	38.4	2526.36
40.0	3910.40	663.71	807.50	1471.20	37.6	2439.20	4163.24	749.48	859.71	1609.19	38.7	2554.06
41.0	4029.79	704.11	832.15	1536.26	38.1	2493.53	4290.48	792.31	885.98	1678.30	39.1	2612.18
42.0	4149.18	744.84	856.81	1601.64	38.6	2547.53	4417.72	835.88	912.26	1748.14	39.6	2669.58
43.0	4268.57	784.71	881.46	1666.17	39.0	2602.39	4544.96	879.87	938.53	1818.41	40.0	2726.55
44.0	4387.95	826.49	906.11	1732.60	39.5	2655.35	4672.20	925.98	964.81	1890.79	40.5	2781.41
45.0	4507.34	867.22	930.77	1797.98	39.9	2709.36	4799.43	971.13	991.08	1962.21	40.9	2837.22
46.0	4626.73	910.05	955.42	1865.47	40.3	2761.26	4926.67	1016.71	1017.36	2034.07	41.3	2892.60
47.0	4746.12	951.72	980.07	1931.79	40.7	2814.33	5053.91	1064.50	1043.63	2108.14	41.7	2945.77
48.0	4865.51	995.50	1004.73	2000.23	41.1	2865.28	5181.15	1111.34	1069.91	2181.25	42.1	2999.90
49.0	4984.89	1038.12	1029.38	2067.50	41.5	2917.39	5308.39	1158.60	1096.18	2254.79	42.5	3053.60
50.0	5104.28	1082.86	1054.03	2136.89	41.9	2967.39	5435.63	1206.40	1122.46	2328.85	42.8	3106.77
51.0	5223.67	1126.43	1078.69	2205.12	42.2	3018.55	5562.86	1256.51	1148.73	2405.24	43.2	3157.63
52.0	5343.06	1172.11	1103.34	2275.45	42.6	3067.60	5690.10	1305.36	1175.01	2480.36	43.6	3209.74
53.0	5462.45	1216.73	1128.00	2344.73	42.9	3117.72	5817.34	1354.73	1201.28	2556.01	43.9	3261.33
54.0	5581.83	1263.37	1152.65	2416.02	43.3	3165.82	5944.58	1404.74	1227.56	2632.29	44.3	3312.28
55.0	5701.22	1308.84	1177.30	2486.14	43.6	3215.08	6071.82	1457.07	1253.83	2710.90	44.6	3360.92
56.0	5820.61	1356.63	1201.96	2558.58	44.0	3262.03	6199.05	1508.13	1280.10	2788.23	45.0	3410.82
57.0	5940.00	1402.95	1226.61	2629.56	44.3	3310.44	6326.29	1559.72	1306.38	2866.10	45.3	3460.19
58.0	6059.39	1451.58	1251.26	2702.85	44.6	3356.54	6453.53	1613.74	887.34	2501.07	38.8	3952.46
59.0	6178.78	1500.85	1275.92	2776.76	44.9	3402.01	6580.77	1666.48	903.75	2570.23	39.1	4010.54
60.0	6298.16	1548.64	1300.57	2849.21	45.2	3448.95	6708.01	1719.66	920.16	2639.82	39.4	4068.19
61.0	6417.55	1598.76	1325.22	2923.98	45.6	3493.57	6835.25	1773.46	936.58	2710.04	39.6	4125.21
62.0	6536.94	1647.60	898.10	2545.69	38.9	3991.25	6962.48	1829.80	952.99	2782.79	40.0	4179.70
63.0	6656.33	1698.76	913.50	2612.26	39.2	4044.07	7089.72	1884.66	969.40	2854.06	40.3	4235.66
64.0	6775.72	1748.46	928.90	2677.35	39.5	4098.36	7216.96	1940.04	985.82	2925.86	40.5	4291.10
65.0	6895.10	1800.57	944.30	2744.87	39.8	4150.23	7344.20	1998.07	1002.23	3000.30	40.9	4343.90
66.0	7014.49	1851.22	959.70	2810.92	40.1	4203.58	7471.44	2054.51	1018.65	3073.16	41.1	4398.28
67.0	7133.88	1904.38	975.10	2879.48	40.4	4254.40	7598.68	2111.59	1035.06	3146.64	41.4	4452.03
68.0	7253.27	1955.97	990.50	2946.48	40.6	4306.79	7725.91	2169.09	1051.47	3220.56	41.7	4505.35
69.0	7372.66	2010.09	1005.90	3016.00	40.9	4356.66	7853.15	2229.33	1067.89	3297.21	42.0	4555.94
70.0	7492.04	2062.63	1021.30	3083.94	41.2	4408.11	7980.39	2287.98	1084.30	3372.28	42.3	4608.11

noch Tabelle 5 a

	Überstundenvergütung: V c BAT 29.33 DM						Überstundenvergütung V a/b BAT 30.83 DM					
Std.	Brutto	Steuern	Sozial-vers.	Summe DM	Abzüge %	Netto	Brutto	Steuern	Sozial-vers.	Summe DM	Abzüge %	Netto
39.0	4343.14	810.98	896.86	1707.84	39.3	2635.30	4735.32	948.45	977.84	1926.30	40.7	2809.03
39.5	4411.67	834.30	911.01	1745.31	39.6	2666.36	4807.35	974.30	992.72	1967.02	40.9	2840.34
40.0	4480.19	857.72	925.16	1782.88	39.8	2697.31	4879.38	1000.36	1007.59	2007.95	41.2	2871.43
41.0	4617.24	906.78	953.46	1860.24	40.3	2757.00	5023.44	1052.90	1037.34	2090.24	41.6	2933.20
42.0	4754.29	954.89	981.76	1936.65	40.7	2817.65	5167.50	1106.28	1067.09	2173.37	42.1	2994.14
43.0	4891.35	1003.63	1010.06	2013.69	41.2	2877.66	5311.56	1160.29	1096.84	2257.13	42.5	3054.43
44.0	5028.40	1054.59	1038.36	2092.95	41.6	2935.45	5455.62	1214.94	1126.59	2341.53	42.9	3114.09
45.0	5165.45	1104.59	1066.67	2171.25	42.0	2994.19	5599.68	1270.33	1156.33	2426.67	43.3	3173.02
46.0	5302.50	1156.82	1094.97	2251.78	42.5	3050.72	5743.74	1326.46	1186.08	2512.54	43.7	3231.20
47.0	5439.55	1208.09	1123.27	2331.35	42.9	3108.20	5887.80	1383.32	1215.83	2599.15	44.1	3288.65
48.0	5576.60	1261.68	1151.57	2413.25	43.3	3163.35	6031.86	1440.82	1245.58	2686.40	44.5	3345.47
49.0	5713.65	1314.11	1179.87	2493.98	43.6	3219.67	6175.92	1499.05	1275.33	2774.38	44.9	3401.54
50.0	5850.70	1368.97	1208.17	2577.15	44.0	3273.56	6319.98	1557.92	1305.08	2863.00	45.3	3456.98
51.0	5987.75	1422.68	1236.47	2659.15	44.4	3328.61	6464.04	1617.53	888.69	2506.22	38.8	3957.82
52.0	6124.80	1478.90	1264.77	2743.68	44.8	3381.13	6608.10	1677.88	907.28	2585.15	39.1	4022.95
53.0	6261.86	1533.87	1293.07	2826.94	45.1	3434.91	6752.17	1738.86	925.86	2664.72	39.5	4087.45
54.0	6398.91	1589.47	1321.37	2910.84	45.5	3488.06	6896.22	1800.57	944.44	2745.02	39.8	4151.21
55.0	6535.96	1647.60	897.97	2545.57	38.9	3990.39	7040.29	1863.03	963.03	2826.06	40.1	4214.23
56.0	6673.01	1704.46	915.65	2620.11	39.3	4052.90	7184.34	1926.12	981.61	2907.73	40.5	4276.61
57.0	6810.06	1763.86	933.33	2697.19	39.6	4112.87	7328.41	1989.95	1000.19	2990.14	40.8	4338.26
58.0	6947.11	1821.99	951.01	2773.00	39.9	4174.11	7472.46	2054.51	1018.78	3073.29	41.1	4399.18
59.0	7084.16	1882.65	968.69	2851.34	40.2	4232.82	7616.53	2119.71	1037.36	3157.07	41.5	4459.45
60.0	7221.21	1942.05	986.37	2928.41	40.6	4292.80	7760.58	2185.65	1055.95	3241.60	41.8	4518.99
61.0	7358.26	2003.98	1004.05	3008.03	40.9	4350.24	7904.65	2252.32	1074.53	3326.85	42.1	4577.79
62.0	7495.31	2064.64	1021.73	3086.37	41.2	4408.95	8048.71	2319.63	1093.11	3412.75	42.4	4635.96
63.0	7632.37	2127.94	1039.41	3167.34	41.5	4465.02	8192.77	2387.68	1111.70	3499.38	42.7	4693.39
64.0	7769.42	2189.77	1057.08	3246.85	41.8	4522.57	8336.83	2456.47	1130.28	3586.75	43.0	4750.08
65.0	7906.47	2252.32	1074.76	3327.09	42.1	4579.38	8480.89	2525.89	1148.86	3674.75	43.3	4806.14
66.0	8043.52	2317.52	1092.44	3409.97	42.4	4633.55	8624.95	2596.04	1164.23	3760.27	43.6	4864.67
67.0	8180.57	2381.25	1110.12	3491.37	42.7	4689.20	8769.01	2666.94	1164.23	3831.17	43.7	4937.84
68.0	8317.62	2447.82	1127.80	3575.62	43.0	4742.00	8913.07	2738.47	1164.23	3902.70	43.8	5010.37
69.0	8454.67	2512.80	1145.48	3658.29	43.3	4796.38	9057.13	2810.63	1164.23	3974.86	43.9	5082.26
70.0	8591.72	2580.64	1163.16	3743.80	43.6	4847.92	9201.19	2883.64	1164.23	4047.87	44.0	5153.32

	Überstundenvergütung: IV b BAT 31.97 DM						Überstundenvergütung IV a BAT 34.73 DM					
Std.	Brutto	Steuern	Sozial-vers.	Summe DM	Abzüge %	Netto	Brutto	Steuern	Sozial-vers.	Summe DM	Abzüge %	Netto
39.0	5117.58	1087.82	1056.78	2144.60	41.9	2972.98	5555.78	1252.93	1147.27	2400.20	43.2	3155.59
39.5	5192.27	1114.61	1072.20	2186.82	42.1	3005.45	5636.93	1284.36	1164.03	2448.39	43.4	3188.54
40.0	5266.96	1143.31	1087.63	2230.94	42.4	3036.03	5718.07	1315.91	1180.78	2496.69	43.7	3221.38
41.0	5416.35	1199.54	1118.48	2318.01	42.8	3098.33	5880.35	1379.73	1214.29	2594.03	44.1	3286.33
42.0	5565.74	1256.51	1149.32	2405.83	43.2	3159.91	6042.63	1444.41	1247.80	2692.21	44.6	3350.43
43.0	5715.12	1314.11	1180.17	2494.29	43.6	3220.84	6204.92	1510.02	1281.32	2791.34	45.0	3413.58
44.0	5864.51	1374.35	1211.02	2585.38	44.1	3279.14	6367.20	1576.49	1314.83	2891.32	45.4	3475.88
45.0	6013.90	1433.54	1241.87	2675.41	44.5	3338.49	6529.49	1643.80	897.13	2540.94	38.9	3988.55
46.0	6163.28	1493.47	1272.72	2766.18	44.9	3397.10	6691.77	1713.96	918.07	2632.03	39.3	4059.74
47.0	6312.67	1554.23	1303.57	2857.80	45.3	3454.88	6854.05	1783.17	939.00	2722.17	39.7	4131.88
48.0	6462.06	1615.63	888.44	2504.07	38.8	3957.99	7016.34	1853.22	959.94	2813.16	40.1	4203.18
49.0	6611.45	1679.77	907.71	2587.48	39.1	4023.96	7178.62	1924.22	980.87	2905.09	40.5	4273.53
50.0	6760.83	1742.76	926.98	2669.73	39.5	4091.10	7340.90	1996.06	1001.81	2997.87	40.8	4343.04
51.0	6910.22	1806.38	946.25	2752.63	39.8	4157.59	7503.19	2068.75	1022.74	3091.49	41.2	4411.69
52.0	7059.61	1870.94	965.52	2836.46	40.2	4223.15	7665.47	2142.29	1043.68	3185.97	41.6	4479.51
53.0	7208.99	1936.04	984.79	2920.83	40.5	4288.17	7827.76	2216.87	1064.61	3281.48	41.9	4546.27
54.0	7358.38	2003.98	1004.06	3008.04	40.9	4350.34	7990.04	2292.20	1085.55	3377.75	42.3	4612.29
55.0	7507.77	2070.76	1023.33	3094.09	41.2	4413.68	8152.32	2368.48	1106.48	3474.96	42.6	4677.36
56.0	7657.15	2138.18	1042.60	3180.78	41.5	4476.38	8314.61	2445.60	1127.41	3573.02	43.0	4741.59
57.0	7806.54	2206.43	1061.87	3268.31	41.9	4538.24	8476.89	2523.67	1148.35	3672.02	43.3	4804.87
58.0	7955.93	2275.43	1081.14	3356.57	42.2	4599.36	8639.17	2602.59	1164.23	3766.82	43.6	4872.36
59.0	8105.31	2347.27	1100.42	3447.69	42.5	4657.63	8801.46	2682.45	1164.23	3846.68	43.7	4954.78
60.0	8254.70	2417.65	1119.69	3537.33	42.9	4717.37	8963.74	2763.16	1164.23	3927.39	43.8	5036.35
61.0	8404.09	2488.86	1138.96	3627.82	43.2	4776.27	9126.03	2844.71	1164.23	4008.94	43.9	5117.08
62.0	8553.48	2560.91	1158.23	3719.14	43.5	4834.34	9288.31	2929.63	1164.23	4093.86	44.1	5194.45
63.0	8702.86	2633.60	1164.23	3797.83	43.6	4905.03	9450.59	3012.98	1164.23	4177.21	44.2	5273.38
64.0	8852.25	2709.25	1164.23	3873.48	43.8	4978.77	9612.88	3097.38	1164.23	4261.61	44.3	5351.27
65.0	9001.64	2783.52	1164.23	3947.75	43.9	5053.89	9775.16	3182.52	1164.23	4346.75	44.5	5428.41
66.0	9151.02	2858.43	1164.23	4022.66	44.0	5128.37	9937.44	3268.60	1164.23	4432.83	44.6	5504.61
67.0	9300.41	2934.17	1164.23	4098.40	44.1	5202.01	10099.73	3355.44	1164.23	4519.67	44.8	5580.06
68.0	9449.80	3010.66	1164.23	4174.89	44.2	5274.91	10262.01	3442.68	1164.23	4606.91	44.9	5655.10
69.0	9599.18	3090.21	1164.23	4254.44	44.3	5344.75	10424.29	3529.82	1164.23	4694.05	45.0	5730.24
70.0	9748.57	3168.17	1164.23	4332.40	44.4	5416.17	10586.58	3617.07	1164.23	4781.30	45.2	5805.28

Tabelle 5b (Programmierung: Hans-Joachim Günther, staatl. gepr. Betriebswirt)

Monatsvergütungen in DM* bei Wochenarbeitszeiten von 1 – 70 Stunden in den Vergütungsgruppen BAT-O X – IVa (neue Bundesländer)

Ledige (Grundtabelle)   Einkommensteuertarif ab 2000 (unter Einschluss des Solidaritätszuschlages [5,5%])

Vergütungen ab 01. 04. 1999 (BAT-Ost)   Sozialversicherung (einschl. Pflegeversicherung) ab 01. 01. 2000

* Monatsvergütung:
  Arbeitszeit in Std./Woche x 4 348 x Stundenvergütung einschl. anteiliges Urlaubsgeld und anteilige Weihnachtszuwendung.

Brutto: Ohne Arbeitgeberanteil zur Sozialversicherung.

Steuer: Berechnung nach dem Einkommensteuertarif unter Berücksichtigung der Vorsorgepauschale (vgl. Steuerentlastungsgesetz 1999. In: BGBl., T. I, Nr. 84 v. 23. 12. 1998, S. 3779 ff.; vgl. ebenso: Steuerentlastungsgesetz 1999/2000/2002. In: BGBl., T. I, Nr. 15 v. 31. 3. 1999, S. 402 ff.).

Sozialversicherung:
  Bei einer Beschäftigung unter 15 Std./Woche und einem Arbeitsentgelt bis 630 DM/Monat besteht Versicherungsfreiheit für den Arbeitnehmer. Mehrere geringfügige Beschäftigungen sind zusammenzurechnen. (Vgl.: Gesetz zur Neuregelung der geringfügigen Beschäftigungsverhältnisse. In: BGBl., T. I, Nr. 14 v. 29.3.1999, S. 388 ff.; vgl. auch: AOK für das Land Brandenburg. Praxis aktuell. Beitragstabelle 2000. Gültig ab 1. Januar 2000.)
  Bei Vergütungen über 5 325 DM wurde der Krankenversicherungsbeitrag – wegen Überschreitung der Versicherungspflichtgrenze – nicht in Abzug gebracht. Für die Pflegeversicherung wurde der Höchstsatz eingerechnet. (Zu den Beitragssätzen vgl. Tab. 7 a, Fn.) Altersrentner sind frei in der Rentenversicherung. Es fällt lediglich der Arbeitgeberanteil an. Nach Vollendung des 65. Lebensjahres entfällt die Arbeitslosenversicherung. Ebenso sind Erwerbsunfähigkeitsrentner frei in der Arbeitslosenversicherung.

noch Tabelle 5 b

	Stundenvergütung: X BAT-O 14.34 DM						Stundenvergütung IX b BAT-O 15.10 DM					
Std.	Brutto	Steuern	Sozial-vers.	Summe DM	Abzüge %	Netto	Brutto	Steuern	Sozial-vers.	Summe DM	Abzüge %	Netto
1.0	68.05	.00	.00	.00	.0	68.05	71.60	.00	.00	.00	.0	71.60
2.0	136.10	.00	.00	.00	.0	136.10	143.20	.00	.00	.00	.0	143.20
3.0	204.15	.00	.00	.00	.0	204.15	214.80	.00	.00	.00	.0	214.80
4.0	272.19	.00	.00	.00	.0	272.19	286.40	.00	.00	.00	.0	286.40
5.0	340.24	.00	.00	.00	.0	340.24	358.00	.00	.00	.00	.0	358.00
6.0	408.29	.00	.00	.00	.0	408.29	429.60	.00	.00	.00	.0	429.60
7.0	476.34	.00	.00	.00	.0	476.34	501.20	.00	.00	.00	.0	501.20
8.0	544.39	.00	.00	.00	.0	544.39	572.80	.00	.00	.00	.0	572.80
9.0	612.44	.00	.00	.00	.0	612.44	644.40	.00	135.32	135.32	21.0	509.07
10.0	680.49	.00	142.90	142.90	21.0	537.58	716.00	.00	150.36	150.36	21.0	565.64
11.0	748.53	.00	157.19	157.19	21.0	591.34	787.60	.00	165.40	165.40	21.0	622.20
12.0	816.58	.00	171.48	171.48	21.0	645.10	859.20	.00	180.43	180.43	21.0	678.77
13.0	884.63	.00	185.77	185.77	21.0	698.86	930.80	.00	195.47	195.47	21.0	735.33
14.0	952.68	.00	200.06	200.06	21.0	752.62	1002.40	.00	210.50	210.50	21.0	791.89
15.0	1020.73	.00	214.35	214.35	21.0	806.37	1074.00	.00	225.54	225.54	21.0	848.46
16.0	1088.78	.00	228.64	228.64	21.0	860.13	1145.60	.00	240.58	240.58	21.0	905.02
17.0	1156.82	.00	242.93	242.93	21.0	913.89	1217.20	.00	255.61	255.61	21.0	961.59
18.0	1224.87	.00	257.22	257.22	21.0	967.65	1288.80	.00	270.65	270.65	21.0	1018.15
19.0	1292.92	.00	271.51	271.51	21.0	1021.41	1360.40	.00	285.68	285.68	21.0	1074.71
20.0	1360.97	.00	285.80	285.80	21.0	1075.17	1432.00	.00	300.72	300.72	21.0	1131.28
21.0	1429.02	.00	300.09	300.09	21.0	1128.92	1503.60	.00	315.76	315.76	21.0	1187.84
22.0	1497.07	.00	314.38	314.38	21.0	1182.68	1575.20	.00	330.79	330.79	21.0	1244.40
23.0	1565.12	.00	328.67	328.67	21.0	1236.44	1646.80	4.00	345.83	349.83	21.2	1296.97
24.0	1633.16	2.00	342.96	344.96	21.1	1288.20	1718.40	17.60	360.86	378.46	22.0	1339.93
25.0	1701.21	15.50	357.25	372.75	21.9	1328.46	1789.99	31.40	375.90	407.30	22.8	1382.70
26.0	1769.26	28.20	371.54	399.74	22.6	1369.52	1861.59	45.40	390.93	436.33	23.4	1425.26
27.0	1837.31	41.00	385.84	426.84	23.2	1410.47	1933.19	59.60	405.97	465.57	24.1	1467.62
28.0	1905.36	54.10	400.13	454.23	23.8	1451.13	2004.79	74.00	421.01	495.01	24.7	1509.79
29.0	1973.41	67.40	414.42	481.82	24.4	1491.59	2076.39	92.00	436.04	528.04	25.4	1548.35
30.0	2041.46	83.00	428.71	511.71	25.1	1529.75	2147.99	109.10	451.08	560.18	26.1	1587.82
31.0	2109.50	98.90	443.00	541.90	25.7	1567.61	2219.59	127.50	466.11	593.61	26.7	1625.98
32.0	2177.55	116.00	457.29	573.29	26.3	1604.27	2291.19	146.00	481.15	627.15	27.4	1664.04
33.0	2245.60	133.30	471.58	604.88	26.9	1640.72	2362.79	165.62	496.19	661.80	28.0	1700.99
34.0	2313.65	150.60	485.87	636.47	27.5	1677.18	2434.39	186.85	511.22	698.07	28.7	1736.32
35.0	2381.70	171.25	500.16	671.41	28.2	1710.29	2505.99	209.65	526.26	735.91	29.4	1770.08
36.0	2449.75	192.50	514.45	706.95	28.9	1742.80	2577.59	230.10	541.29	771.40	29.9	1806.20
37.0	2517.80	213.97	528.74	742.70	29.5	1775.09	2649.19	253.10	556.33	809.43	30.6	1839.76
38.0	2585.84	232.63	543.03	775.66	30.0	1810.18	2720.79	277.47	571.37	848.84	31.2	1871.95
39.0	2653.89	254.37	557.32	811.68	30.6	1842.21	2792.39	300.99	586.40	887.40	31.8	1905.00
40.0	2721.94	277.47	571.61	849.08	31.2	1872.86	2863.99	325.89	601.44	927.33	32.4	1936.66
41.0	2788.95	299.63	585.68	885.31	31.7	1903.65	2934.55	349.74	616.26	965.99	32.9	1968.56
42.0	2855.96	321.89	599.75	921.64	32.3	1934.32	3005.11	373.89	631.07	1004.97	33.4	2000.14
43.0	2922.96	345.53	613.82	959.55	32.8	1963.41	3075.67	398.16	645.89	1044.05	33.9	2031.62
44.0	2989.97	368.41	627.89	996.31	33.3	1993.66	3146.23	422.64	660.71	1083.35	34.4	2062.88
45.0	3056.98	392.68	641.97	1034.64	33.8	2022.34	3216.79	443.21	675.52	1118.74	34.8	2098.05
46.0	3123.99	415.78	656.04	1071.82	34.3	2052.17	3287.34	465.37	690.34	1155.71	35.2	2131.63
47.0	3190.99	436.35	670.11	1106.46	34.7	2084.53	3357.90	487.73	705.16	1192.89	35.5	2165.01
48.0	3258.00	455.76	684.18	1139.94	35.0	2118.06	3428.46	508.83	719.98	1228.81	35.8	2199.65
49.0	3325.01	476.55	698.25	1174.80	35.3	2150.21	3499.02	531.51	734.79	1266.31	36.2	2232.71
50.0	3392.01	497.54	712.32	1209.87	35.7	2182.15	3569.58	554.40	749.61	1304.01	36.5	2265.56
51.0	3459.02	518.75	726.39	1245.14	36.0	2213.88	3640.13	575.93	764.43	1340.36	36.8	2299.78
52.0	3526.02	540.06	740.47	1280.52	36.3	2245.50	3710.69	599.14	779.25	1378.38	37.1	2332.31
53.0	3593.03	561.48	754.54	1316.01	36.6	2277.02	3781.25	622.45	794.06	1416.52	37.5	2364.73
54.0	3660.04	583.10	768.61	1351.71	36.9	2308.33	3851.81	644.50	808.88	1453.38	37.7	2398.43
55.0	3727.05	604.94	782.68	1387.62	37.2	2339.43	3922.37	668.24	823.70	1491.94	38.0	2430.43
56.0	3794.05	626.78	796.75	1423.53	37.5	2370.52	3992.92	691.98	838.51	1530.50	38.3	2462.43
57.0	3861.06	647.46	810.82	1458.28	37.8	2402.78	4063.48	714.66	853.33	1567.99	38.6	2495.49
58.0	3928.07	669.72	824.89	1494.61	38.0	2433.46	4134.04	738.82	868.15	1606.97	38.9	2527.07
59.0	3995.07	691.98	838.97	1530.95	38.3	2464.13	4204.60	763.19	882.97	1646.16	39.2	2558.44
60.0	4062.08	714.66	853.04	1567.70	38.6	2494.39	4275.16	786.19	897.78	1683.98	39.4	2591.18
61.0	4129.09	737.34	867.11	1604.45	38.9	2524.64	4345.72	810.98	912.60	1723.58	39.7	2622.13
62.0	4196.09	760.13	881.18	1641.31	39.1	2554.78	4416.27	835.88	927.42	1763.30	39.9	2652.98
63.0	4263.10	783.13	895.25	1678.38	39.4	2584.72	4486.83	860.89	942.23	1803.12	40.2	2683.71
64.0	4330.11	806.34	909.32	1715.66	39.6	2614.45	4557.39	884.62	957.05	1841.67	40.4	2715.72
65.0	4397.12	829.65	923.39	1753.05	39.9	2644.07	4627.95	910.05	971.87	1881.92	40.7	2746.03
66.0	4464.12	851.50	937.47	1788.96	40.1	2675.16	4698.51	935.68	986.69	1922.37	40.9	2776.14
67.0	4531.13	875.13	951.54	1826.66	40.3	2704.46	4769.06	959.74	1001.50	1961.24	41.1	2807.82
68.0	4598.14	898.87	965.61	1864.47	40.5	2733.66	4839.62	985.69	1016.32	2002.01	41.4	2837.61
69.0	4665.14	922.81	979.68	1902.49	40.8	2762.65	4910.18	1011.75	1031.14	2042.89	41.6	2867.29
70.0	4732.15	946.87	993.75	1940.62	41.0	2791.53	4980.74	1036.54	1045.96	2082.49	41.8	2898.25

noch Tabelle 5 b

	Stundenvergütung:	IX a BAT-O	15.39 DM				Stundenvergütung	VIII BAT-O	15.97 DM			
Std.	Brutto	Steuern	Sozial-vers.	Summe DM	Abzüge %	Netto	Brutto	Steuern	Sozial-vers.	Summe DM	Abzüge %	Netto
1.0	72.95	.00	.00	.00	.0	72.95	75.67	.00	.00	.00	.0	75.67
2.0	145.91	.00	.00	.00	.0	145.91	151.33	.00	.00	.00	.0	151.33
3.0	218.86	.00	.00	.00	.0	218.86	227.00	.00	.00	.00	.0	227.00
4.0	291.82	.00	.00	.00	.0	291.82	302.66	.00	.00	.00	.0	302.66
5.0	364.77	.00	.00	.00	.0	364.77	378.33	.00	.00	.00	.0	378.33
6.0	437.73	.00	.00	.00	.0	437.73	453.99	.00	.00	.00	.0	453.99
7.0	510.68	.00	.00	.00	.0	510.68	529.66	.00	.00	.00	.0	529.66
8.0	583.64	.00	.00	.00	.0	583.64	605.32	.00	.00	.00	.0	605.32
9.0	656.59	.00	137.88	137.88	21.0	518.71	680.99	.00	143.01	143.01	21.0	537.98
10.0	729.55	.00	153.21	153.21	21.0	576.34	756.65	.00	158.90	158.90	21.0	597.75
11.0	802.50	.00	168.53	168.53	21.0	633.98	832.32	.00	174.79	174.79	21.0	657.53
12.0	875.46	.00	183.85	183.85	21.0	691.61	907.98	.00	190.68	190.68	21.0	717.30
13.0	948.41	.00	199.17	199.17	21.0	749.25	983.65	.00	206.57	206.57	21.0	777.08
14.0	1021.37	.00	214.49	214.49	21.0	806.88	1059.31	.00	222.46	222.46	21.0	836.86
15.0	1094.32	.00	229.81	229.81	21.0	864.52	1134.98	.00	238.34	238.34	21.0	896.63
16.0	1167.28	.00	245.13	245.13	21.0	922.15	1210.64	.00	254.23	254.23	21.0	956.41
17.0	1240.23	.00	260.45	260.45	21.0	979.78	1286.31	.00	270.12	270.12	21.0	1016.18
18.0	1313.19	.00	275.77	275.77	21.0	1037.42	1361.97	.00	286.01	286.01	21.0	1075.96
19.0	1386.14	.00	291.09	291.09	21.0	1095.05	1437.64	.00	301.90	301.90	21.0	1135.73
20.0	1459.10	.00	306.41	306.41	21.0	1152.69	1513.30	.00	317.79	317.79	21.0	1195.51
21.0	1532.05	.00	321.73	321.73	21.0	1210.32	1588.97	.00	333.68	333.68	21.0	1255.28
22.0	1605.01	.00	337.05	337.05	21.0	1267.96	1664.63	8.20	349.57	357.77	21.5	1306.86
23.0	1677.96	10.30	352.37	362.67	21.6	1315.29	1740.30	21.90	365.46	387.36	22.3	1352.93
24.0	1750.92	25.00	367.69	392.69	22.4	1358.22	1815.96	36.80	381.35	418.15	23.0	1397.81
25.0	1823.87	37.90	383.01	420.91	23.1	1402.96	1891.63	50.90	397.24	448.14	23.7	1443.48
26.0	1896.83	52.00	398.33	450.33	23.7	1446.49	1967.29	66.30	413.13	479.43	24.4	1487.86
27.0	1969.78	66.30	413.65	479.95	24.4	1489.83	2042.96	83.00	429.02	512.02	25.1	1530.94
28.0	2042.74	83.00	428.97	511.97	25.1	1530.76	2118.62	101.10	444.91	546.01	25.8	1572.61
29.0	2115.69	101.10	444.30	545.40	25.8	1570.30	2194.29	120.60	460.80	581.40	26.5	1612.89
30.0	2188.65	119.50	459.62	579.12	26.5	1609.53	2269.95	140.20	476.69	616.89	27.2	1653.06
31.0	2261.60	137.90	474.94	612.84	27.1	1648.77	2345.62	160.08	492.58	652.66	27.8	1692.95
32.0	2334.56	155.77	490.26	646.02	27.7	1688.53	2421.28	183.97	508.47	692.44	28.6	1728.85
33.0	2407.51	178.33	505.58	683.91	28.4	1723.60	2496.95	206.77	524.36	731.13	29.3	1765.82
34.0	2480.47	202.45	520.90	723.35	29.2	1757.12	2572.61	228.94	540.25	769.18	29.9	1803.43
35.0	2553.42	223.77	536.22	759.99	29.8	1793.43	2648.28	253.10	556.14	809.24	30.6	1839.04
36.0	2626.38	245.40	551.54	796.94	30.3	1829.44	2723.94	278.84	572.03	850.87	31.2	1873.07
37.0	2699.33	269.77	566.86	836.63	31.0	1862.70	2799.61	303.53	587.92	891.45	31.8	1908.16
38.0	2772.29	294.35	582.18	876.53	31.6	1895.75	2875.27	328.53	603.81	932.34	32.4	1942.93
39.0	2845.24	319.25	597.50	916.75	32.2	1928.49	2950.94	355.02	619.70	974.71	33.0	1976.22
40.0	2918.20	344.36	612.82	957.18	32.8	1961.01	3026.60	381.81	635.59	1017.40	33.6	2009.20
41.0	2990.11	368.41	627.92	996.34	33.3	1993.78	3101.23	407.66	651.26	1058.91	34.1	2042.32
42.0	3062.02	394.05	643.03	1037.07	33.9	2024.95	3175.85	430.87	666.93	1097.80	34.6	2078.06
43.0	3133.94	418.52	658.13	1076.65	34.4	2057.29	3250.48	454.29	682.60	1136.89	35.0	2113.59
44.0	3205.85	440.47	673.23	1113.70	34.7	2092.15	3325.10	476.55	698.27	1174.82	35.3	2150.28
45.0	3277.76	462.62	688.33	1150.95	35.1	2126.81	3399.72	500.39	713.94	1214.33	35.7	2185.39
46.0	3349.68	484.89	703.43	1188.32	35.5	2161.36	3474.35	524.34	729.61	1253.95	36.1	2220.39
47.0	3421.59	507.46	718.53	1225.99	35.8	2195.60	3548.97	547.13	745.28	1292.41	36.4	2256.56
48.0	3493.50	530.14	733.64	1263.77	36.2	2229.73	3623.59	571.60	760.95	1332.56	36.8	2291.04
49.0	3565.42	552.83	748.74	1301.57	36.5	2263.85	3698.22	594.71	776.63	1371.33	37.1	2326.88
50.0	3637.33	575.93	763.84	1339.77	36.8	2297.56	3772.84	619.50	792.30	1411.80	37.4	2361.04
51.0	3709.24	599.14	778.94	1378.08	37.2	2331.17	3847.46	643.03	807.97	1450.99	37.7	2396.47
52.0	3781.16	622.45	794.04	1416.50	37.5	2364.66	3922.09	668.24	823.64	1491.88	38.0	2430.21
53.0	3853.07	645.98	809.14	1455.13	37.8	2397.94	3996.71	693.56	839.31	1532.87	38.4	2463.84
54.0	3924.98	669.72	824.25	1493.96	38.1	2431.02	4071.33	717.62	854.98	1572.60	38.6	2498.74
55.0	3996.90	693.56	839.35	1532.91	38.4	2463.99	4145.96	743.36	870.65	1614.01	38.9	2531.95
56.0	4068.81	717.62	854.45	1572.07	38.6	2496.74	4220.58	767.83	886.32	1654.15	39.2	2566.43
57.0	4140.72	741.88	869.55	1611.43	38.9	2529.29	4295.20	793.89	901.99	1695.89	39.5	2599.32
58.0	4212.64	766.25	884.65	1650.91	39.2	2561.73	4369.83	820.27	917.66	1737.93	39.8	2631.90
59.0	4284.55	790.83	899.76	1690.59	39.5	2593.96	4444.45	845.27	933.33	1778.60	40.0	2665.85
60.0	4356.46	815.62	914.86	1730.48	39.7	2625.98	4519.07	871.96	949.01	1820.97	40.3	2698.11
61.0	4428.38	840.52	929.96	1770.48	40.0	2657.89	4593.70	897.28	964.68	1861.96	40.5	2731.74
62.0	4500.29	865.63	945.06	1810.69	40.2	2689.59	4668.32	924.40	980.35	1904.74	40.8	2763.58
63.0	4572.20	890.95	960.16	1851.11	40.5	2721.09	4742.94	950.04	996.02	1946.05	41.0	2796.89
64.0	4644.12	914.80	975.26	1890.06	40.7	2754.06	4817.57	977.57	1011.69	1989.26	41.3	2828.31
65.0	4716.03	940.43	990.37	1930.80	40.9	2785.23	4892.19	1005.31	1027.36	2032.67	41.5	2859.52
66.0	4787.94	966.28	1005.47	1971.75	41.2	2816.20	4966.81	1031.48	1043.03	2074.51	41.8	2892.30
67.0	4859.86	992.23	1020.57	2012.80	41.4	2847.05	5041.44	1059.64	1058.70	2118.35	42.0	2923.09
68.0	4931.77	1018.40	1035.67	2054.07	41.6	2877.70	5116.06	1086.13	1074.37	2160.50	42.2	2955.56
69.0	5003.68	1044.67	1050.77	2095.44	41.9	2908.24	5190.68	1114.61	1090.04	2204.66	42.5	2986.03
70.0	5075.59	1071.25	1065.87	2137.12	42.1	2938.47	5265.31	1143.31	1105.71	2249.02	42.7	3016.28

noch Tabelle 5 b

	Stundenvergütung: VII BAT-O 17.01 DM						Stundenvergütung VI a/b BAT-O 18.12 DM					
Std.	Brutto	Steuern	Sozial-vers.	Summe DM	Abzüge %	Netto	Brutto	Steuern	Sozial-vers.	Summe DM	Abzüge %	Netto
1.0	80.52	.00	.00	.00	.0	80.52	85.71	.00	.00	.00	.0	85.71
2.0	161.05	.00	.00	.00	.0	161.05	171.42	.00	.00	.00	.0	171.42
3.0	241.57	.00	.00	.00	.0	241.57	257.13	.00	.00	.00	.0	257.13
4.0	322.10	.00	.00	.00	.0	322.10	342.85	.00	.00	.00	.0	342.85
5.0	402.62	.00	.00	.00	.0	402.62	428.56	.00	.00	.00	.0	428.56
6.0	483.15	.00	.00	.00	.0	483.15	514.27	.00	.00	.00	.0	514.27
7.0	563.67	.00	.00	.00	.0	563.67	599.98	.00	.00	.00	.0	599.98
8.0	644.20	.00	135.28	135.28	21.0	508.92	685.69	.00	144.00	144.00	21.0	541.70
9.0	724.72	.00	152.19	152.19	21.0	572.53	771.40	.00	161.99	161.99	21.0	609.41
10.0	805.25	.00	169.10	169.10	21.0	636.15	857.11	.00	179.99	179.99	21.0	677.12
11.0	885.77	.00	186.01	186.01	21.0	699.76	942.83	.00	197.99	197.99	21.0	744.83
12.0	966.30	.00	202.92	202.92	21.0	763.37	1028.54	.00	215.99	215.99	21.0	812.54
13.0	1046.82	.00	219.83	219.83	21.0	826.99	1114.25	.00	233.99	233.99	21.0	880.26
14.0	1127.35	.00	236.74	236.74	21.0	890.60	1199.96	.00	251.99	251.99	21.0	947.97
15.0	1207.87	.00	253.65	253.65	21.0	954.22	1285.67	.00	269.99	269.99	21.0	1015.68
16.0	1288.40	.00	270.56	270.56	21.0	1017.83	1371.38	.00	287.99	287.99	21.0	1083.39
17.0	1368.92	.00	287.47	287.47	21.0	1081.45	1457.09	.00	305.99	305.99	21.0	1151.10
18.0	1449.44	.00	304.38	304.38	21.0	1145.06	1542.81	.00	323.99	323.99	21.0	1218.82
19.0	1529.97	.00	321.29	321.29	21.0	1208.68	1628.52	1.00	341.99	342.99	21.1	1285.53
20.0	1610.49	.00	338.20	338.20	21.0	1272.29	1714.23	16.50	359.99	376.49	22.0	1337.74
21.0	1691.02	12.40	355.11	367.51	21.7	1323.50	1799.94	33.50	377.99	411.49	22.9	1388.45
22.0	1771.54	28.20	372.02	400.22	22.6	1371.32	1885.65	49.80	395.99	445.79	23.6	1439.86
23.0	1852.07	43.20	388.93	432.13	23.3	1419.93	1971.36	67.40	413.99	481.39	24.4	1489.98
24.0	1932.59	59.60	405.84	465.44	24.1	1467.15	2057.07	87.50	431.99	519.49	25.3	1537.59
25.0	2013.12	76.30	422.75	499.05	24.8	1514.06	2142.79	108.00	449.98	557.98	26.0	1584.80
26.0	2093.64	95.40	439.66	535.06	25.6	1558.58	2228.50	129.80	467.98	597.78	26.8	1630.71
27.0	2174.17	116.00	456.58	572.58	26.3	1601.59	2314.21	150.60	485.98	636.58	27.5	1677.62
28.0	2254.69	136.70	473.49	610.19	27.1	1644.51	2399.92	176.90	503.98	680.88	28.4	1719.04
29.0	2335.22	155.77	490.40	646.16	27.7	1689.05	2485.63	203.88	521.98	725.87	29.2	1759.77
30.0	2415.74	181.10	507.31	688.41	28.5	1727.34	2571.34	228.94	539.98	768.92	29.9	1802.42
31.0	2496.27	206.77	524.22	730.98	29.3	1765.28	2657.05	255.63	557.98	813.61	30.6	1843.44
32.0	2576.79	230.10	541.13	771.23	29.9	1805.56	2742.77	284.01	575.98	859.99	31.4	1882.77
33.0	2657.31	255.63	558.04	813.67	30.6	1843.65	2828.48	312.81	593.98	906.79	32.1	1921.69
34.0	2737.84	282.74	574.95	857.69	31.3	1880.15	2914.19	343.09	611.98	955.07	32.8	1959.12
35.0	2818.36	310.17	591.86	902.03	32.0	1916.34	2999.90	372.42	629.98	1002.40	33.4	1997.50
36.0	2898.89	337.81	608.77	946.58	32.7	1952.31	3085.61	402.17	647.98	1050.15	34.0	2035.46
37.0	2979.41	365.77	625.68	991.45	33.3	1987.96	3171.32	429.50	665.98	1095.47	34.5	2075.85
38.0	3059.94	392.68	642.59	1035.26	33.8	2024.67	3257.03	455.76	683.98	1139.74	35.0	2117.30
39.0	3140.46	419.90	659.50	1079.39	34.4	2061.07	3342.75	482.14	701.98	1184.12	35.4	2158.63
40.0	3220.99	444.68	676.41	1121.09	34.8	2099.90	3428.46	508.83	719.98	1228.81	35.8	2199.65
41.0	3300.47	469.58	693.10	1162.68	35.2	2137.79	3513.13	535.73	737.76	1273.49	36.2	2239.64
42.0	3379.96	494.80	709.79	1204.59	35.6	2175.37	3597.80	562.95	755.54	1318.49	36.6	2279.31
43.0	3459.44	518.75	726.48	1245.23	36.0	2214.21	3682.47	590.38	773.32	1363.70	37.0	2318.77
44.0	3538.92	544.38	743.17	1287.55	36.4	2251.37	3767.14	618.02	791.10	1409.12	37.4	2358.01
45.0	3618.41	570.13	759.87	1329.99	36.8	2288.41	3851.81	644.50	808.88	1453.38	37.7	2398.43
46.0	3697.89	594.71	776.56	1371.27	37.1	2326.62	3936.48	672.67	826.66	1499.33	38.1	2437.15
47.0	3777.37	620.98	793.25	1414.23	37.4	2363.15	4021.15	701.05	844.44	1545.49	38.4	2475.65
48.0	3856.86	647.46	809.94	1457.40	37.8	2399.46	4105.82	729.75	862.22	1591.97	38.8	2513.85
49.0	3936.34	672.67	826.63	1499.30	38.1	2437.04	4190.49	758.55	880.00	1638.56	39.1	2551.93
50.0	4015.82	699.57	843.32	1542.90	38.4	2472.92	4275.16	786.19	897.78	1683.98	39.4	2591.18
51.0	4095.30	726.69	860.01	1586.70	38.7	2508.60	4359.83	815.62	915.56	1731.19	39.7	2628.64
52.0	4174.79	752.53	876.71	1629.24	39.0	2545.55	4444.50	845.27	933.34	1778.61	40.0	2665.88
53.0	4254.27	780.07	893.40	1673.47	39.3	2580.80	4529.17	875.13	951.12	1826.25	40.3	2702.91
54.0	4333.75	807.82	910.09	1717.91	39.6	2615.85	4613.84	905.20	968.91	1874.10	40.6	2739.73
55.0	4413.24	834.30	926.78	1761.08	39.9	2652.16	4698.51	935.68	986.69	1922.37	40.9	2776.14
56.0	4492.72	862.47	943.47	1805.94	40.2	2686.78	4783.18	964.69	1004.47	1969.16	41.2	2814.02
57.0	4572.20	890.95	960.16	1851.11	40.5	2721.09	4867.85	995.50	1022.25	2017.75	41.5	2850.10
58.0	4651.69	917.96	976.85	1894.82	40.7	2756.87	4952.52	1026.52	1040.03	2066.55	41.7	2885.96
59.0	4731.17	946.87	993.55	1940.41	41.0	2790.76	5037.19	1057.96	1057.81	2115.77	42.0	2921.42
60.0	4810.65	974.30	1010.24	1984.54	41.3	2826.11	5121.85	1089.51	1075.59	2165.09	42.3	2956.76
61.0	4890.13	1003.63	1026.93	2030.56	41.5	2859.58	5206.52	1119.68	1093.37	2213.05	42.5	2993.48
62.0	4969.62	1033.17	1043.62	2076.79	41.8	2892.83	5291.19	1151.75	1111.15	2262.90	42.8	3028.29
63.0	5049.10	1061.33	1060.31	2121.64	42.0	2927.46	5375.86	1184.14	738.75	1922.88	35.8	3452.98
64.0	5128.58	1091.19	1077.00	2168.19	42.3	2960.39	5460.53	1216.73	749.67	1966.40	36.0	3494.13
65.0	5208.07	1121.47	1093.69	2215.16	42.5	2992.91	5545.20	1249.54	760.59	2010.14	36.3	3535.07
66.0	5287.55	1150.06	1110.39	2260.45	42.8	3027.10	5629.87	1282.57	771.51	2054.08	36.5	3575.79
67.0	5367.03	1180.66	737.61	1918.26	35.7	3448.77	5714.54	1314.11	782.44	2096.55	36.7	3617.99
68.0	5446.52	1211.56	747.86	1959.43	36.0	3487.09	5799.21	1347.66	793.36	2141.02	36.9	3658.19
69.0	5526.00	1240.79	758.11	1998.91	36.2	3527.09	5883.88	1381.43	804.28	2185.71	37.1	3698.18
70.0	5605.48	1272.12	768.37	2040.49	36.4	3564.99	5968.55	1415.50	815.20	2230.70	37.4	3737.85

noch Tabelle 5 b

	Stundenvergütung: V c BAT-O 19.53 DM						Stundenvergütung V a/b BAT-O 21.38 DM					
Std.	Brutto	Steuern	Sozial-vers.	Summe DM	Abzüge %	Netto	Brutto	Steuern	Sozial-vers.	Summe DM	Abzüge %	Netto
1.0	92.30	.00	.00	.00	.0	92.30	100.94	.00	.00	.00	.0	100.94
2.0	184.60	.00	.00	.00	.0	184.60	201.89	.00	.00	.00	.0	201.89
3.0	276.90	.00	.00	.00	.0	276.90	302.83	.00	.00	.00	.0	302.83
4.0	369.20	.00	.00	.00	.0	369.20	403.78	.00	.00	.00	.0	403.78
5.0	461.50	.00	.00	.00	.0	461.50	504.72	.00	.00	.00	.0	504.72
6.0	553.80	.00	.00	.00	.0	553.80	605.67	.00	.00	.00	.0	605.67
7.0	646.10	.00	135.68	135.68	21.0	510.42	706.61	.00	148.39	148.39	21.0	558.22
8.0	738.40	.00	155.06	155.06	21.0	583.34	807.56	.00	169.59	169.59	21.0	637.97
9.0	830.70	.00	174.45	174.45	21.0	656.25	908.50	.00	190.79	190.79	21.0	717.72
10.0	923.00	.00	193.83	193.83	21.0	729.17	1009.44	.00	211.98	211.98	21.0	797.46
11.0	1015.30	.00	213.21	213.21	21.0	802.09	1110.39	.00	233.18	233.18	21.0	877.21
12.0	1107.60	.00	232.60	232.60	21.0	875.00	1211.33	.00	254.38	254.38	21.0	956.95
13.0	1199.90	.00	251.98	251.98	21.0	947.92	1312.28	.00	275.58	275.58	21.0	1036.70
14.0	1292.20	.00	271.36	271.36	21.0	1020.84	1413.22	.00	296.78	296.78	21.0	1116.45
15.0	1384.50	.00	290.74	290.74	21.0	1093.75	1514.17	.00	317.98	317.98	21.0	1196.19
16.0	1476.80	.00	310.13	310.13	21.0	1166.67	1615.11	.00	339.17	339.17	21.0	1275.94
17.0	1569.10	.00	329.51	329.51	21.0	1239.59	1716.06	17.60	360.37	377.97	22.0	1338.08
18.0	1661.40	8.20	348.89	357.09	21.5	1304.31	1817.00	36.80	381.57	418.37	23.0	1398.63
19.0	1753.70	25.00	368.28	393.28	22.4	1360.42	1917.95	56.30	402.77	459.07	23.9	1458.88
20.0	1846.00	42.10	387.66	429.76	23.3	1416.24	2018.89	77.40	423.97	501.37	24.8	1517.52
21.0	1938.30	59.60	407.04	466.64	24.1	1471.66	2119.83	102.30	445.17	547.47	25.8	1572.37
22.0	2030.60	80.80	426.43	507.23	25.0	1523.37	2220.78	127.50	466.36	593.86	26.7	1626.92
23.0	2122.90	102.30	445.81	548.11	25.8	1574.79	2321.72	151.80	487.56	639.36	27.5	1682.36
24.0	2215.20	126.40	465.19	591.59	26.7	1623.61	2422.67	183.97	508.76	692.73	28.6	1729.94
25.0	2307.50	149.50	484.57	634.07	27.5	1673.42	2523.61	215.40	529.96	745.36	29.5	1778.25
26.0	2399.80	176.90	503.96	680.86	28.4	1718.94	2624.56	245.40	551.16	796.56	30.4	1828.00
27.0	2492.10	205.33	523.34	728.67	29.2	1763.42	2725.50	278.84	572.36	851.20	31.2	1874.30
28.0	2584.40	232.63	542.72	775.36	30.0	1809.04	2826.45	312.81	593.55	906.36	32.1	1920.08
29.0	2676.70	262.07	562.11	824.17	30.8	1852.53	2927.39	347.00	614.75	961.75	32.9	1965.64
30.0	2769.00	293.19	581.49	874.68	31.6	1894.32	3028.33	381.81	635.95	1017.76	33.6	2010.57
31.0	2861.30	324.53	600.87	925.40	32.3	1935.90	3129.28	417.15	657.15	1074.30	34.3	2054.98
32.0	2953.60	356.39	620.26	976.64	33.1	1976.96	3230.22	447.33	678.35	1125.68	34.8	2104.55
33.0	3045.90	387.30	639.64	1026.93	33.7	2018.96	3331.17	479.39	699.55	1178.94	35.4	2152.23
34.0	3138.20	419.90	659.02	1078.92	34.4	2059.28	3432.11	510.20	720.74	1230.95	35.9	2201.16
35.0	3230.50	447.33	678.40	1125.73	34.8	2104.77	3533.06	542.81	741.94	1284.75	36.4	2248.31
36.0	3322.80	476.55	697.79	1174.34	35.3	2148.46	3634.00	574.45	763.14	1337.59	36.8	2296.41
37.0	3415.10	504.61	717.17	1221.78	35.8	2193.32	3734.95	606.32	784.34	1390.65	37.2	2344.29
38.0	3507.40	534.36	736.55	1270.91	36.2	2236.48	3835.89	640.07	805.54	1445.61	37.7	2390.28
39.0	3599.70	562.95	755.94	1318.89	36.6	2280.81	3936.83	672.67	826.74	1499.41	38.1	2437.43
40.0	3692.00	593.33	775.32	1368.65	37.1	2323.35	4037.78	707.07	847.93	1555.00	38.5	2482.78
41.0	3783.26	622.45	794.48	1416.94	37.5	2366.32	4137.69	740.30	868.91	1609.21	38.9	2528.47
42.0	3874.52	651.89	813.65	1465.54	37.8	2408.98	4237.59	773.85	889.89	1663.74	39.3	2573.84
43.0	3965.78	683.02	832.81	1515.83	38.2	2449.95	4337.49	807.82	910.87	1718.69	39.6	2618.80
44.0	4057.03	713.08	851.98	1565.06	38.6	2491.98	4437.39	843.69	931.85	1775.54	40.0	2661.85
45.0	4148.29	743.36	871.14	1614.50	38.9	2533.79	4537.30	878.29	952.83	1831.12	40.4	2706.17
46.0	4239.55	775.43	890.31	1665.74	39.3	2573.81	4637.20	913.21	973.81	1887.02	40.7	2750.17
47.0	4330.81	806.34	909.47	1715.81	39.6	2615.00	4737.10	948.45	994.79	1943.24	41.0	2793.86
48.0	4422.07	837.46	928.63	1766.10	39.9	2655.97	4837.01	984.11	1015.77	1999.88	41.3	2837.13
49.0	4513.33	868.80	947.80	1816.60	40.2	2696.73	4936.91	1021.67	1036.75	2058.42	41.7	2878.49
50.0	4604.58	902.03	966.96	1868.99	40.6	2735.59	5036.81	1057.96	1057.73	2115.69	42.0	2921.12
51.0	4695.84	934.00	986.13	1920.12	40.9	2775.72	5136.71	1094.57	1078.71	2173.28	42.3	2963.44
52.0	4787.10	966.28	1005.29	1971.57	41.2	2815.53	5236.62	1131.49	1099.69	2231.18	42.6	3005.44
53.0	4878.36	1000.36	1024.46	2024.81	41.5	2853.55	5336.52	1168.84	733.67	1902.51	35.7	3434.01
54.0	4969.62	1033.17	1043.62	2076.79	41.8	2892.83	5436.42	1208.09	746.56	1954.64	36.0	3481.78
55.0	5060.88	1066.19	1062.78	2128.97	42.1	2931.90	5536.33	1246.06	759.45	2005.51	36.2	3530.81
56.0	5152.13	1099.53	1081.95	2181.48	42.3	2970.66	5636.23	1284.36	772.33	2056.69	36.5	3579.53
57.0	5243.39	1134.87	1101.11	2235.98	42.6	3007.41	5736.13	1322.87	785.22	2108.09	36.8	3628.04
58.0	5334.65	1168.84	733.43	1902.27	35.7	3432.39	5836.03	1361.90	798.11	2160.01	37.0	3676.02
59.0	5425.91	1202.92	745.20	1948.12	35.9	3477.79	5935.94	1402.95	811.00	2213.94	37.3	3722.00
60.0	5517.17	1239.10	756.97	1996.08	36.2	3521.09	6035.84	1442.61	823.88	2266.49	37.6	3769.34
61.0	5608.43	1273.91	768.75	2042.66	36.4	3565.76	6135.74	1482.59	836.77	2319.37	37.8	3816.38
62.0	5699.68	1308.84	780.52	2089.36	36.7	3610.33	6235.65	1522.79	849.66	2372.45	38.0	3863.19
63.0	5790.94	1344.08	792.29	2136.37	36.9	3654.57	6335.55	1563.41	862.55	2425.96	38.3	3909.59
64.0	5882.20	1381.43	804.06	2185.49	37.2	3696.71	6435.45	1606.25	875.43	2481.68	38.6	3953.77
65.0	5973.46	1417.29	815.84	2233.13	37.4	3740.33	6535.35	1647.60	888.32	2535.92	38.8	3999.43
66.0	6064.72	1453.48	827.61	2281.09	37.6	3783.63	6635.26	1689.27	901.21	2590.48	39.0	4044.78
67.0	6155.98	1489.88	839.38	2329.26	37.8	3826.72	6735.16	1731.26	914.10	2645.35	39.3	4089.81
68.0	6247.23	1528.38	851.15	2379.54	38.1	3867.70	6835.06	1773.46	926.98	2700.45	39.5	4134.62
69.0	6338.49	1565.31	862.93	2428.23	38.3	3910.26	6934.96	1818.09	939.87	2757.96	39.8	4177.01
70.0	6429.75	1602.55	874.70	2477.25	38.5	3952.50	7034.87	1861.03	952.76	2813.78	40.0	4221.08

noch Tabelle 5 b

	Stundenvergütung:	IV b BAT-O	23.14 DM				Stundenvergütung	IV a BAT-O	25.13 DM			
Std.	Brutto	Steuern	Sozial-vers.	Summe DM	Abzüge %	Netto	Brutto	Steuern	Sozial-vers.	Summe DM	Abzüge %	Netto
1.0	109.17	.00	.00	.00	.0	109.17	118.47	.00	.00	.00	.0	118.47
2.0	218.34	.00	.00	.00	.0	218.34	236.93	.00	.00	.00	.0	236.93
3.0	327.51	.00	.00	.00	.0	327.51	355.40	.00	.00	.00	.0	355.40
4.0	436.67	.00	.00	.00	.0	436.67	473.87	.00	.00	.00	.0	473.87
5.0	545.84	.00	.00	.00	.0	545.84	592.34	.00	.00	.00	.0	592.34
6.0	655.01	.00	137.55	137.55	21.0	517.46	710.80	.00	149.27	149.27	21.0	561.53
7.0	764.18	.00	160.48	160.48	21.0	603.70	829.27	.00	174.15	174.15	21.0	655.12
8.0	873.35	.00	183.40	183.40	21.0	689.94	947.74	.00	199.02	199.02	21.0	748.71
9.0	982.52	.00	206.33	206.33	21.0	776.19	1066.20	.00	223.90	223.90	21.0	842.30
10.0	1091.68	.00	229.25	229.25	21.0	862.43	1184.67	.00	248.78	248.78	21.0	935.89
11.0	1200.85	.00	252.18	252.18	21.0	948.67	1303.14	.00	273.66	273.66	21.0	1029.48
12.0	1310.02	.00	275.10	275.10	21.0	1034.92	1421.61	.00	298.54	298.54	21.0	1123.07
13.0	1419.19	.00	298.03	298.03	21.0	1121.16	1540.07	.00	323.42	323.42	21.0	1216.66
14.0	1528.36	.00	320.96	320.96	21.0	1207.40	1658.54	7.10	348.29	355.39	21.4	1303.15
15.0	1637.53	3.00	343.88	346.88	21.2	1290.65	1777.01	29.30	373.17	402.47	22.6	1374.54
16.0	1746.70	23.90	366.81	390.71	22.4	1355.99	1895.48	52.00	398.05	450.05	23.7	1445.43
17.0	1855.86	44.30	389.73	434.03	23.4	1421.83	2013.94	76.30	422.93	499.23	24.8	1514.71
18.0	1965.03	65.10	412.66	477.76	24.3	1487.28	2132.41	104.50	447.81	552.31	25.9	1580.10
19.0	2074.20	90.90	435.58	526.48	25.4	1547.72	2250.88	135.50	472.68	608.18	27.0	1642.69
20.0	2183.37	118.30	458.51	576.81	26.4	1606.56	2369.34	167.05	497.56	664.61	28.1	1704.73
21.0	2292.54	146.00	481.43	627.43	27.4	1665.11	2487.81	203.88	522.44	726.32	29.2	1761.49
22.0	2401.71	176.90	504.36	681.26	28.4	1720.45	2606.28	240.33	547.32	787.65	30.2	1818.63
23.0	2510.88	211.08	527.28	738.37	29.4	1772.51	2724.75	278.84	572.20	851.04	31.2	1873.71
24.0	2620.04	244.13	550.21	794.34	30.3	1825.70	2843.21	317.98	597.07	915.06	32.2	1928.16
25.0	2729.21	280.11	573.13	853.24	31.3	1875.97	2961.68	359.12	621.95	981.08	33.1	1980.60
26.0	2838.38	316.61	596.06	912.67	32.2	1925.71	3080.15	399.43	646.83	1046.26	34.0	2033.89
27.0	2947.55	353.75	618.99	972.73	33.0	1974.82	3198.61	437.83	671.71	1109.53	34.7	2089.08
28.0	3056.72	392.68	641.91	1034.59	33.8	2022.13	3317.08	475.18	696.59	1171.76	35.3	2145.32
29.0	3165.89	428.12	664.84	1092.96	34.5	2072.93	3435.55	511.68	721.47	1233.14	35.9	2202.41
30.0	3275.05	461.25	687.76	1149.01	35.1	2126.04	3554.02	548.60	746.34	1294.95	36.4	2259.07
31.0	3384.22	496.17	710.69	1206.86	35.7	2177.37	3672.48	587.53	771.22	1358.75	37.0	2313.73
32.0	3493.39	530.14	733.61	1263.75	36.2	2229.64	3790.95	625.41	796.10	1421.51	37.5	2369.44
33.0	3602.56	564.43	756.54	1320.96	36.7	2281.60	3909.42	663.71	820.98	1484.68	38.0	2424.73
34.0	3711.73	599.14	779.46	1378.60	37.1	2333.13	4027.88	704.11	845.86	1549.97	38.5	2477.92
35.0	3820.90	635.64	802.39	1438.03	37.6	2382.87	4146.35	743.36	870.73	1614.09	38.9	2532.26
36.0	3930.07	671.19	825.31	1496.51	38.1	2433.56	4264.82	783.13	895.61	1678.74	39.4	2586.08
37.0	4039.23	707.07	848.24	1555.31	38.5	2483.93	4383.29	824.91	920.49	1745.40	39.8	2637.89
38.0	4148.40	743.36	871.16	1614.52	38.9	2533.88	4501.75	865.63	945.37	1811.00	40.2	2690.75
39.0	4257.57	781.65	894.09	1675.74	39.4	2581.83	4620.22	906.78	970.25	1877.03	40.6	2743.19
40.0	4366.74	818.69	917.02	1735.70	39.7	2631.04	4738.69	950.04	995.12	1945.16	41.0	2793.53
41.0	4474.87	856.14	939.72	1795.86	40.1	2679.00	4856.12	992.23	1019.78	2012.02	41.4	2844.10
42.0	4583.00	894.12	962.43	1856.55	40.5	2726.45	4973.54	1034.85	1044.44	2079.30	41.8	2894.25
43.0	4691.12	932.41	985.14	1917.55	40.9	2773.57	5090.97	1077.90	1069.10	2147.00	42.2	2943.97
44.0	4799.25	971.13	1007.84	1978.97	41.2	2820.28	5208.39	1121.47	1093.76	2215.23	42.5	2993.17
45.0	4907.38	1010.17	1030.55	2040.72	41.6	2866.66	5325.82	1165.36	732.29	1897.65	35.6	3428.17
46.0	5015.50	1049.73	1053.26	2102.98	41.9	2912.52	5443.24	1209.78	747.44	1957.21	36.0	3486.03
47.0	5123.63	1089.51	1075.96	2165.47	42.3	2958.16	5560.67	1254.72	762.59	2017.30	36.3	3543.37
48.0	5231.76	1129.80	1098.67	2228.47	42.6	3003.28	5678.10	1300.08	777.73	2077.82	36.6	3600.28
49.0	5339.88	1170.52	734.10	1904.63	35.7	3435.25	5795.52	1345.97	792.88	2138.85	36.9	3656.67
50.0	5448.01	1211.56	748.05	1959.62	36.0	3488.39	5912.95	1392.18	808.03	2200.21	37.2	3712.73
51.0	5556.14	1252.93	762.00	2014.93	36.3	3541.21	6030.37	1440.82	823.18	2263.99	37.5	3766.38
52.0	5664.26	1294.81	775.95	2070.76	36.6	3593.51	6147.80	1487.98	838.33	2326.31	37.8	3821.49
53.0	5772.39	1337.11	789.90	2127.01	36.8	3645.38	6265.22	1535.77	853.47	2389.24	38.1	3875.98
54.0	5880.52	1379.73	803.85	2183.58	37.1	3696.94	6382.65	1583.98	868.62	2452.60	38.4	3930.05
55.0	5988.64	1422.68	817.80	2240.47	37.4	3748.17	6500.07	1632.51	883.77	2516.28	38.7	3983.79
56.0	6096.77	1466.14	831.74	2297.88	37.7	3798.89	6617.50	1681.57	898.92	2580.49	39.0	4037.01
57.0	6204.90	1510.02	845.69	2355.72	38.0	3849.18	6734.93	1731.26	914.07	2645.32	39.3	4089.60
58.0	6313.03	1554.23	859.64	2413.87	38.2	3899.16	6852.35	1781.26	929.21	2710.48	39.6	4141.87
59.0	6421.15	1598.76	873.59	2472.34	38.5	3948.81	6969.78	1831.70	944.36	2776.06	39.8	4193.72
60.0	6529.28	1643.80	887.54	2531.34	38.8	3997.94	7087.20	1882.65	959.51	2842.16	40.1	4245.04
61.0	6637.41	1689.27	901.49	2590.75	39.0	4046.65	7204.63	1934.13	961.16	2895.29	40.2	4309.33
62.0	6745.53	1735.06	915.43	2650.49	39.3	4095.04	7322.05	1987.94	961.16	2949.10	40.3	4372.95
63.0	6853.66	1781.26	929.38	2710.65	39.6	4143.01	7439.48	2040.37	961.16	3001.53	40.3	4437.95
64.0	6961.79	1829.80	943.33	2773.13	39.8	4188.66	7556.90	2093.13	961.16	3054.29	40.4	4502.62
65.0	7069.91	1876.85	957.28	2834.12	40.1	4235.79	7674.33	2146.40	961.16	3107.56	40.5	4566.77
66.0	7178.04	1924.22	961.16	2885.38	40.2	4292.66	7791.75	2200.21	961.16	3161.37	40.6	4630.39
67.0	7286.17	1971.91	961.16	2933.07	40.3	4353.10	7909.18	2254.43	961.16	3215.59	40.7	4693.59
68.0	7394.29	2020.12	961.16	2981.28	40.3	4413.01	8026.61	2309.08	961.16	3270.24	40.7	4756.36
69.0	7502.42	2068.75	961.16	3029.91	40.4	4472.51	8144.03	2364.26	961.16	3325.42	40.8	4818.61
70.0	7610.55	2117.71	961.16	3078.87	40.5	4531.68	8261.46	2419.86	961.16	3381.02	40.9	4880.44

Tabelle 5 c (Programmierung: Hans-Joachim Günther, staatl. gepr. Betriebswirt)

Monatsvergütungen in DM* bei Wochenarbeitszeiten von 41 – 70 Stunden in den Vergütungsgruppen BAT-O X – IVa (neue Bundesländer)

Ledige (Grundtabelle)   Berechnungen mit Überstundenvergütungen*

Einkommensteuertarif ab 2000 (unter Einschluss des Solidaritätszuschlages [5,5%])

Vergütungen ab 01. 04. 1999   Sozialversicherung (einschl. Pflegeversicherung) ab 01.01.2000

	Überstundenvergütung: X BAT-O 17.93 DM						Überstundenvergütung IX b BAT-O 18.88 DM					
Std.	Brutto	Steuern	Sozial-vers.	Summe DM	Abzüge %	Netto	Brutto	Steuern	Sozial-vers.	Summe DM	Abzüge %	Netto
41.0	2805.72	306.17	589.20	895.37	31.9	1910.35	2952.21	356.39	619.96	976.35	33.1	1975.86
42.0	2889.50	335.08	606.80	941.87	32.6	1947.63	3040.43	385.92	638.49	1024.42	33.7	2016.02
43.0	2973.29	363.03	624.39	987.42	33.2	1985.86	3128.65	417.15	657.02	1074.17	34.3	2054.48
44.0	3057.07	392.68	641.98	1034.66	33.8	2022.41	3216.88	443.21	675.54	1118.76	34.8	2098.12
45.0	3140.85	419.90	659.58	1079.47	34.4	2061.38	3305.10	470.96	694.07	1165.03	35.2	2140.07
46.0	3224.63	446.06	677.17	1123.23	34.8	2101.40	3393.32	499.02	712.60	1211.61	35.7	2181.70
47.0	3308.41	472.33	694.77	1167.10	35.3	2141.32	3481.54	525.82	731.12	1256.94	36.1	2224.60
48.0	3392.20	497.54	712.36	1209.90	35.7	2182.29	3569.76	554.40	749.65	1304.05	36.5	2265.71
49.0	3475.98	524.34	729.96	1254.30	36.1	2221.68	3657.98	581.73	768.18	1349.90	36.9	2308.08
50.0	3559.76	551.45	747.55	1299.00	36.5	2260.76	3746.20	610.74	786.70	1397.45	37.3	2348.76
51.0	3643.54	577.30	765.14	1342.45	36.8	2301.10	3834.42	640.07	805.23	1445.30	37.7	2389.12
52.0	3727.32	604.94	782.74	1387.68	37.2	2339.65	3922.64	668.24	823.76	1491.99	38.0	2430.65
53.0	3811.11	631.21	800.33	1431.55	37.6	2379.56	4010.86	698.00	842.28	1540.28	38.4	2470.59
54.0	3894.89	659.27	817.93	1477.20	37.9	2417.69	4099.09	726.69	860.81	1587.50	38.7	2511.59
55.0	3978.67	687.55	835.52	1523.07	38.3	2455.60	4187.31	757.07	879.33	1636.41	39.1	2550.90
56.0	4062.45	714.66	853.11	1567.77	38.6	2494.68	4275.53	787.77	897.86	1685.63	39.4	2589.89
57.0	4146.23	743.36	870.71	1614.07	38.9	2532.17	4363.75	817.11	916.39	1733.49	39.7	2630.26
58.0	4230.02	770.89	888.30	1659.19	39.2	2570.82	4451.97	848.33	934.91	1783.25	40.1	2668.72
59.0	4313.80	800.12	905.90	1706.01	39.5	2607.78	4540.19	878.29	953.44	1831.73	40.3	2708.46
60.0	4397.58	829.65	923.49	1753.15	39.9	2644.43	4628.41	910.05	971.97	1882.01	40.7	2746.40
61.0	4481.36	857.72	941.09	1798.81	40.1	2682.55	4716.63	942.12	990.49	1932.61	41.0	2784.02
62.0	4565.14	887.79	958.68	1846.47	40.4	2718.68	4804.85	972.72	1009.02	1981.73	41.2	2823.12
63.0	4648.93	917.96	976.27	1894.24	40.7	2754.69	4893.08	1005.31	1027.55	2032.86	41.5	2860.22
64.0	4732.71	946.87	993.87	1940.74	41.0	2791.97	4981.30	1036.54	1046.07	2082.61	41.8	2898.69
65.0	4816.49	977.57	1011.46	1989.03	41.3	2827.46	5069.52	1069.56	1064.60	2134.16	42.1	2935.36
66.0	4900.27	1007.00	1029.06	2036.05	41.5	2864.22	5157.74	1103.00	1083.13	2186.13	42.4	2971.61
67.0	4984.05	1038.12	1046.65	2084.77	41.8	2899.28	5245.96	1134.87	1101.65	2236.52	42.6	3009.44
68.0	5067.83	1069.56	1064.25	2133.81	42.1	2934.03	5334.18	1168.84	733.37	1902.20	35.7	3431.98
69.0	5151.62	1099.53	1081.84	2181.37	42.3	2970.25	5422.40	1201.23	744.75	1945.98	35.9	3476.42
70.0	5235.40	1131.49	1099.43	2230.93	42.6	3004.47	5510.62	1235.62	756.13	1991.75	36.1	3518.87

* 40,0 Std./Woche x 4 348 x Stundenvergütung einschl. anteiliges Urlaubsgeld und anteilige Weihnachtszuwendung plus Überstunden/Woche x 4 348 x Überstundenvergütung einschl. anteilige Weihnachtszuwendung.
  Unterstellt ist eine regelmäßige monatliche Ableistung von Überstunden.
  Nicht berücksichtigt ist dabei, ob die Überstunden auch an Sonn- und Feiertagen und/oder nachts geleistet werden. Hierfür fallen Sonderzuschläge an. Darüber hinaus gelten steuerliche Sonderregelungen.

noch Tabelle 5 c

	Überstundenvergütung: IX a BAT-O 19.24 DM						Überstundenvergütung VIII BAT-O 19.96 DM					
Std.	Brutto	Steuern	Sozial-vers.	Summe DM	Abzüge %	Netto	Brutto	Steuern	Sozial-vers.	Summe DM	Abzüge %	Netto
41.0	3008.10	375.16	631.70	1006.86	33.5	2001.23	3119.87	414.51	655.17	1069.68	34.3	2050.19
42.0	3098.00	406.28	650.58	1056.87	34.1	2041.14	3213.14	441.94	674.76	1116.70	34.8	2096.44
43.0	3187.90	434.98	669.46	1104.44	34.6	2083.46	3306.41	470.96	694.35	1165.30	35.2	2141.10
44.0	3277.81	462.62	688.34	1150.96	35.1	2126.85	3399.67	500.39	713.93	1214.32	35.7	2185.35
45.0	3367.71	490.58	707.22	1197.80	35.6	2169.91	3492.94	530.14	733.52	1263.66	36.2	2229.28
46.0	3457.61	518.75	726.10	1244.85	36.0	2212.77	3586.21	558.63	753.10	1311.73	36.6	2274.48
47.0	3547.52	547.13	744.98	1292.11	36.4	2255.41	3679.48	588.91	772.69	1361.60	37.0	2317.88
48.0	3637.42	575.93	763.86	1339.79	36.8	2297.63	3772.74	619.50	792.28	1411.78	37.4	2360.97
49.0	3727.32	604.94	782.74	1387.68	37.2	2339.65	3866.01	650.31	811.86	1462.17	37.8	2403.84
50.0	3817.23	634.17	801.62	1435.78	37.6	2381.44	3959.28	680.06	831.45	1511.51	38.2	2447.77
51.0	3907.13	663.71	820.50	1484.20	38.0	2422.93	4052.55	711.50	851.03	1562.54	38.6	2490.01
52.0	3997.03	693.56	839.38	1532.94	38.4	2464.09	4145.81	743.36	870.62	1613.98	38.9	2531.83
53.0	4086.94	723.63	858.26	1581.89	38.7	2505.05	4239.08	773.85	890.21	1664.06	39.3	2575.02
54.0	4176.84	754.01	877.14	1631.15	39.1	2545.69	4332.35	806.34	909.79	1716.13	39.6	2616.22
55.0	4266.74	784.71	896.02	1680.73	39.4	2586.01	4425.62	838.94	929.38	1768.32	40.0	2657.29
56.0	4356.65	815.62	914.90	1730.52	39.7	2626.13	4518.88	871.96	948.97	1820.93	40.3	2697.96
57.0	4446.55	846.75	933.78	1780.53	40.0	2666.02	4612.15	903.61	968.55	1872.17	40.6	2739.98
58.0	4536.45	878.29	952.66	1830.95	40.4	2705.51	4705.42	937.26	988.14	1925.40	40.9	2780.02
59.0	4626.36	910.05	971.53	1881.58	40.7	2744.77	4798.69	971.13	1007.72	1978.85	41.2	2819.83
60.0	4716.26	942.12	990.41	1932.53	41.0	2783.73	4891.95	1005.31	1027.31	2032.62	41.6	2859.33
61.0	4806.16	972.72	1009.29	1982.01	41.2	2824.15	4985.22	1038.12	1046.90	2085.02	41.8	2900.20
62.0	4896.07	1005.31	1028.17	2033.49	41.5	2862.58	5078.49	1072.94	1066.48	2139.42	42.1	2939.07
63.0	4985.97	1038.12	1047.05	2085.18	41.8	2900.79	5171.76	1107.96	1086.07	2194.03	42.4	2977.72
64.0	5075.87	1071.25	1065.93	2137.18	42.1	2938.69	5265.02	1141.62	1105.65	2247.28	42.7	3017.75
65.0	5165.78	1104.59	1084.81	2189.40	42.4	2976.37	5358.29	1177.28	736.48	1913.76	35.7	3444.53
66.0	5255.68	1138.24	1103.69	2241.94	42.7	3013.74	5451.56	1213.25	748.51	1961.77	36.0	3489.79
67.0	5345.58	1172.11	734.84	1906.95	35.7	3438.63	5544.83	1249.54	760.54	2010.09	36.3	3534.74
68.0	5435.48	1206.40	746.44	1952.83	35.9	3482.65	5638.09	1284.36	772.57	2056.93	36.5	3581.16
69.0	5525.39	1240.79	758.03	1998.83	36.2	3526.56	5731.36	1321.18	784.61	2105.79	36.7	3625.57
70.0	5615.29	1275.60	769.63	2045.24	36.4	3570.05	5824.63	1358.32	796.64	2154.96	37.0	3669.67

	Überstundenvergütung: VII BAT-O 21.26 DM						Überstundenvergütung VI a/b BAT-O 22,65 DM					
Std.	Brutto	Steuern	Sozial-vers.	Summe DM	Abzüge %	Netto	Brutto	Steuern	Sozial-vers.	Summe DM	Abzüge %	Netto
41.0	3320.33	475.18	697.27	1172.44	35.3	2147.89	3534.29	542.81	742.20	1285.01	36.4	2249.29
42.0	3419.67	505.98	718.13	1224.11	35.8	2195.56	3640.13	575.93	764.43	1340.36	36.8	2299.78
43.0	3519.01	537.21	738.99	1276.20	36.3	2242.81	3745.97	610.74	786.65	1397.40	37.3	2348.57
44.0	3618.36	570.13	759.85	1329.98	36.8	2288.37	3851.81	644.50	808.88	1453.38	37.7	2398.42
45.0	3717.70	601.99	780.72	1382.70	37.2	2334.99	3957.64	680.06	831.10	1511.17	38.2	2446.48
46.0	3817.04	634.17	801.58	1435.74	37.6	2381.30	4063.48	714.66	853.33	1567.99	38.6	2495.49
47.0	3916.38	666.66	822.44	1489.10	38.0	2427.28	4169.32	751.06	875.56	1626.61	39.0	2542.70
48.0	4015.72	699.57	843.30	1542.88	38.4	2472.85	4275.15	786.19	897.78	1683.97	39.4	2591.18
49.0	4115.07	732.70	864.16	1596.87	38.8	2518.20	4380.99	823.33	920.01	1743.34	39.8	2637.65
50.0	4214.41	766.25	885.03	1651.28	39.2	2563.13	4486.83	860.89	942.23	1803.12	40.2	2683.71
51.0	4313.75	800.12	905.89	1706.00	39.5	2607.75	4592.67	897.28	964.46	1861.74	40.5	2730.92
52.0	4413.09	834.30	926.75	1761.05	39.9	2652.04	4698.50	935.68	986.69	1922.37	40.9	2776.14
53.0	4512.43	868.80	947.61	1816.41	40.3	2696.03	4804.34	972.72	1008.91	1981.63	41.2	2822.71
54.0	4611.78	903.61	968.47	1872.09	40.6	2739.69	4910.18	1011.75	1031.14	2042.89	41.6	2867.29
55.0	4711.12	938.85	989.33	1928.18	40.9	2782.94	5016.01	1049.73	1053.36	2103.09	41.9	2912.93
56.0	4810.46	974.30	1010.20	1984.50	41.3	2825.96	5121.85	1089.51	1075.59	2165.09	42.3	2956.76
57.0	4909.90	1011.75	1031.06	2042.81	41.6	2866.99	5227.69	1128.12	1097.81	2225.93	42.6	3001.76
58.0	5009.15	1048.04	1051.92	2099.96	41.9	2909.18	5333.54	1168.84	733.28	1902.12	35.7	3431.41
59.0	5108.49	1084.54	1072.78	2157.33	42.2	2951.16	5439.36	1208.09	746.94	1955.02	35.9	3484.34
60.0	5207.83	1121.47	1093.64	2215.11	42.5	2992.72	5545.20	1249.54	760.59	2010.14	36.3	3535.06
61.0	5307.17	1158.60	1114.51	2273.11	42.8	3034.06	5651.04	1289.63	774.24	2063.88	36.5	3587.16
62.0	5406.51	1196.06	742.70	1938.76	35.9	3467.75	5756.88	1331.83	787.90	2119.73	36.8	3637.14
63.0	5505.86	1233.93	755.52	1989.45	36.1	3516.41	5862.71	1372.56	801.55	2174.11	37.1	3688.60
64.0	5605.20	1272.12	768.33	2040.45	36.4	3564.74	5968.55	1415.50	815.20	2230.70	37.4	3737.85
65.0	5704.54	1310.63	781.15	2091.78	36.7	3612.76	6074.39	1457.07	828.86	2285.92	37.6	3788.46
66.0	5803.88	1349.46	793.96	2143.42	36.9	3660.47	6180.22	1500.85	842.51	2343.36	37.9	3836.87
67.0	5903.22	1388.60	806.78	2195.37	37.2	3707.85	6286.06	1543.15	856.16	2399.31	38.2	3886.75
68.0	6002.57	1428.16	819.59	2247.75	37.4	3754.82	6391.90	1587.67	869.81	2457.49	38.4	3934.41
69.0	6101.91	1467.93	832.41	2300.34	37.7	3801.57	6497.74	1630.62	883.47	2514.08	38.7	3983.65
70.0	6201.25	1510.02	845.22	2355.25	38.0	3846.00	6603.57	1675.88	897.12	2573.00	39.0	4030.57

noch Tabelle 5 c

	Überstundenvergütung: V c BAT-O 24.41 DM						Überstundenvergütung V a/b BAT-O 25.66 DM					
Std.	Brutto	Steuern	Sozial-vers.	Summe DM	Abzüge %	Netto	Brutto	Steuern	Sozial-vers.	Summe DM	Abzüge %	Netto
41.0	3806.06	629.84	799.27	1429.11	37.5	2376.95	4157.68	746.42	873.11	1619.53	39.0	2538.15
42.0	3920.12	668.24	823.23	1491.46	38.0	2428.66	4277.58	787.77	898.29	1686.07	39.4	2591.52
43.0	4034.18	705.59	847.18	1552.77	38.5	2481.42	4397.49	829.65	923.47	1753.13	39.9	2644.36
44.0	4148.24	743.36	871.13	1614.49	38.9	2533.75	4517.39	870.38	948.65	1819.03	40.3	2698.36
45.0	4262.30	783.13	895.08	1678.22	39.4	2584.09	4637.29	913.21	973.83	1887.04	40.7	2750.25
46.0	4376.37	821.75	919.04	1740.79	39.8	2635.58	4757.19	956.57	999.01	1955.58	41.1	2801.61
47.0	4490.43	860.89	942.99	1803.88	40.2	2686.55	4877.09	998.77	1024.19	2022.96	41.5	2854.13
48.0	4604.49	902.03	966.94	1868.97	40.6	2735.51	4997.00	1043.08	1049.37	2092.45	41.9	2904.54
49.0	4718.55	942.12	990.90	1933.01	41.0	2785.54	5116.90	1087.82	1074.55	2162.37	42.3	2954.53
50.0	4832.61	982.42	1014.85	1997.27	41.3	2835.34	5236.80	1131.49	1099.73	2231.22	42.6	3005.58
51.0	4946.67	1024.94	1038.80	2063.74	41.7	2882.93	5356.70	1177.28	736.27	1913.55	35.7	3443.15
52.0	5060.73	1066.19	1062.75	2128.94	42.1	2931.79	5476.60	1221.80	751.74	1973.55	36.0	3503.06
53.0	5174.79	1107.96	1086.71	2194.67	42.4	2980.12	5596.51	1268.64	767.21	2035.85	36.4	3560.66
54.0	5288.85	1151.75	1110.66	2262.41	42.8	3026.45	5716.41	1315.91	782.68	2098.58	36.7	3617.83
55.0	5402.92	1194.37	742.24	1936.61	35.8	3466.31	5836.31	1361.90	798.14	2160.05	37.0	3676.26
56.0	5516.98	1237.41	756.95	1994.36	36.1	3522.61	5956.21	1410.12	813.61	2223.73	37.3	3732.48
57.0	5631.04	1282.57	771.66	2054.23	36.5	3576.81	6076.11	1458.96	829.08	2288.04	37.7	3788.07
58.0	5745.10	1326.46	786.38	2112.83	36.8	3632.26	6196.02	1506.33	844.55	2350.88	37.9	3845.14
59.0	5859.16	1370.77	801.09	2171.86	37.1	3687.30	6315.92	1556.03	860.01	2416.04	38.3	3899.88
60.0	5973.22	1417.29	815.81	2233.10	37.4	3740.12	6435.82	1606.25	875.48	2481.73	38.6	3954.09
61.0	6087.28	1462.55	830.52	2293.07	37.7	3794.21	6555.72	1655.19	890.95	2546.14	38.8	4009.58
62.0	6201.34	1510.02	845.23	2355.26	38.0	3846.09	6675.63	1706.36	906.42	2612.78	39.1	4062.85
63.0	6315.41	1556.03	859.95	2415.97	38.3	3899.43	6795.53	1758.16	921.88	2680.04	39.4	4115.49
64.0	6429.47	1602.55	874.66	2477.21	38.5	3952.26	6915.43	1808.38	937.35	2745.73	39.7	4169.70
65.0	6543.53	1651.40	889.38	2540.77	38.8	4002.76	7035.33	1861.03	952.82	2813.84	40.0	4221.49
66.0	6657.59	1698.76	904.09	2602.85	39.1	4054.74	7155.23	1914.30	961.16	2875.46	40.2	4279.77
67.0	6771.65	1746.56	918.80	2665.36	39.4	4106.29	7275.14	1966.00	961.16	2927.16	40.2	4347.98
68.0	6885.71	1796.67	933.52	2730.19	39.7	4155.52	7395.04	2020.12	961.16	2981.28	40.3	4413.76
69.0	6999.77	1845.41	948.23	2793.64	39.9	4206.13	7514.94	2072.76	961.16	3033.92	40.4	4481.02
70.0	7113.83	1894.47	961.16	2855.63	40.1	4258.20	7634.84	2127.94	961.16	3089.10	40.5	4545.74

	Überstundenvergütung: IV b BAT-O 26.61 DM						Überstundenvergütung IV a BAT-O 28.90 DM					
Std.	Brutto	Steuern	Sozial-vers.	Summe DM	Abzüge %	Netto	Brutto	Steuern	Sozial-vers.	Summe DM	Abzüge %	Netto
41.0	4491.08	860.89	943.13	1804.01	40.2	2687.07	4873.73	998.77	1023.48	2022.26	41.5	2851.47
42.0	4615.42	905.20	969.24	1874.44	40.6	2740.99	5008.77	1048.04	1051.84	2099.88	41.9	2908.89
43.0	4739.76	950.04	995.35	1945.39	41.0	2794.38	5143.81	1097.84	1080.20	2178.04	42.3	2965.77
44.0	4864.10	993.82	1021.46	2015.28	41.4	2848.83	5278.85	1148.37	1108.56	2256.93	42.8	3021.92
45.0	4988.45	1039.71	1047.57	2087.28	41.8	2901.16	5413.90	1199.54	743.65	1943.19	35.9	3470.71
46.0	5112.79	1086.13	1073.69	2159.82	42.2	2952.97	5548.94	1251.24	761.07	2012.31	36.3	3536.63
47.0	5237.13	1131.49	1099.80	2231.29	42.6	3005.84	5683.98	1303.56	778.49	2082.06	36.6	3601.92
48.0	5361.47	1178.97	736.89	1915.86	35.7	3445.61	5819.02	1356.63	795.91	2152.54	37.0	3666.48
49.0	5485.81	1226.97	752.93	1979.90	36.1	3505.91	5954.06	1410.12	813.33	2223.45	37.3	3730.61
50.0	5610.15	1273.91	768.97	2042.88	36.4	3567.27	6089.10	1464.35	830.75	2295.10	37.7	3794.01
51.0	5734.49	1322.87	785.01	2107.88	36.8	3626.61	6224.15	1519.10	848.17	2367.28	38.0	3856.87
52.0	5858.83	1370.77	801.05	2171.82	37.1	3687.02	6359.19	1574.59	865.60	2440.19	38.4	3919.00
53.0	5983.17	1420.98	817.09	2238.07	37.4	3745.10	6494.23	1630.62	883.02	2513.63	38.7	3980.60
54.0	6107.52	1471.62	833.13	2304.75	37.7	3802.76	6629.27	1687.37	900.44	2587.81	39.0	4041.47
55.0	6231.86	1521.00	849.17	2370.17	38.0	3861.69	6764.31	1744.66	917.86	2662.51	39.4	4101.80
56.0	6356.20	1572.80	865.21	2438.01	38.4	3918.19	6899.36	1802.48	935.28	2737.75	39.7	4161.60
57.0	6480.54	1625.02	881.25	2506.27	38.7	3974.27	7034.40	1861.03	952.70	2813.72	40.0	4220.67
58.0	6604.88	1675.88	897.29	2573.17	39.0	4031.71	7169.44	1920.21	961.16	2881.37	40.2	4288.07
59.0	6729.22	1729.26	913.33	2642.59	39.3	4086.64	7304.49	1979.92	961.16	2941.08	40.3	4363.40
60.0	6853.56	1781.26	929.37	2710.63	39.6	4142.93	7439.52	2040.37	961.16	3001.53	40.3	4437.99
61.0	6977.90	1835.70	945.41	2781.11	39.9	4196.79	7574.56	2101.35	961.16	3062.51	40.4	4512.05
62.0	7102.25	1890.56	961.16	2851.72	40.2	4250.52	7709.61	2162.96	961.16	3124.12	40.5	4585.48
63.0	7226.59	1944.05	961.16	2905.21	40.2	4321.37	7844.65	2225.11	961.16	3186.27	40.6	4658.38
64.0	7350.93	1999.97	961.16	2961.13	40.3	4389.80	7979.69	2287.98	961.16	3249.14	40.7	4730.54
65.0	7475.27	2056.52	961.16	3017.68	40.4	4457.59	8114.73	2351.49	961.16	3312.65	40.8	4802.08
66.0	7599.61	2111.59	961.16	3072.75	40.4	4526.86	8249.77	2415.53	961.16	3376.69	40.9	4873.08
67.0	7723.95	2169.09	961.16	3130.25	40.5	4593.70	8384.81	2480.31	961.16	3441.47	41.0	4943.35
68.0	7848.29	2227.22	961.16	3188.38	40.6	4659.92	8519.86	2545.61	961.16	3506.77	41.2	5013.08
69.0	7972.63	2283.76	961.16	3244.92	40.7	4727.71	8654.90	2611.45	961.16	3572.61	41.3	5082.29
70.0	8096.97	2342.95	961.16	3304.11	40.8	4792.86	8789.94	2678.02	961.16	3639.18	41.4	5150.76

Tabelle 6

Konkrete Behinderung (Ausfall) der Hausfrau in den Tätigkeitsbereichen der Hausarbeit bei ausgewählten Verletzungen

(Tabelle Dr. Reichenbach/Dr. Vogel [fortentwickelt unter Mitwirkung von: Prof. Dr. jur. Ludwig; Dr. med. Ludolph; Prof. Dr. med. Probst; Prof. Dr. rer. pol. Schulz-Borck])*

Tätigkeit / Verletzungsfolge	Beschaffung, Einkauf	Ernährung, Zubereitung, Vorratshaltung	Geschirrspülen	Putzen, Aufräumen, Raumreinigung	Wäscherei, Reinigung, Pflege, Instandhaltung	Gartenarbeit	Haushaltsführung, Planung	Betreuung Kinder u. andere HH-Angehörige	häusliche Kleinarbeit, Sonstiges
Hörverlust, einseitig	15 %	10 %	0 %	5 %	0 %	0 %	10 %	20 %	5 %
Hörverlust, beidseitig	50 %	20 %	10 %	10 %	10 %	5 %	25 %	80 %	10 %
Schwerhörigkeit, mittelgradig, beidseitig	30 %	10 %	0 %	5 %	0 %	0 %	10 %	40 %	10 %
Linsenverlust, einseitig, Kontaktlinse	0 %	0 %	0 %	0 %	0 %	0 %	0 %	0 %	0 %
Linsenverlust, beidseitig, Kontaktlinse/Starglas	10 %	20 %	10 %	10 %	20 %	10 %	10 %	15 %	10 %
Augenverlust, einseitig	5 %	10 %	5 %	5 %	15 %	10 %	0 %	10 %	5 %
Augenverlust, beidseitig	100 %	100 %	90 %	100 %	90 %	100 %	80 %	90 %	100 %
Hirntrauma I. Grades, Commotio cerebri	0 %	0 %	0 %	0 %	0 %	0 %	0 %	0 %	0 %
Wirbelsäulenverletzung, stabil verheilt	5 %	10 %	0 %	10 %	5 %	15 %	0 %	10 %	5 %
Wirbelsäulenverletzung, instabil verheilt	20 %	20 %	15 %	30 %	20 %	30 %	0 %	30 %	10 %
Querschnittslähmung, komplett, Tetraplegie	100 %	100 %	100 %	100 %	100 %	100 %	60 %	90 %	90 %
Querschnittslähmung, komplett, Paraplegie rollstuhlfähig	90 %	70 %	80 %	80 %	80 %	100 %	20 %	80 %	70 %
Oberarmverlust, prothesenfähig	50 %	55 %	70 %	60 %	65 %	70 %	10 %	60 %	30 %
Oberarmverlust, nicht prothesenfähig	60 %	70 %	70 %	70 %	70 %	80 %	10 %	70 %	50 %
Unterarmverlust, prothesenfähig	40 %	50 %	60 %	50 %	60 %	60 %	10 %	40 %	30 %
Unterarmverlust, nicht prothesenfähig	50 %	60 %	60 %	60 %	70 %	70 %	10 %	50 %	50 %
Handverlust prothesenfähig	40 %	50 %	50 %	50 %	60 %	60 %	10 %	50 %	30 %
Daumenverlust	20 %	10 %	20 %	20 %	30 %	20 %	0 %	20 %	10 %
Zeigefingerverlust	10 %	10 %	10 %	10 %	10 %	10 %	0 %	10 %	10 %
Verlust aller langgliedrigen Finger einer Hand	40 %	35 %	45 %	40 %	50 %	50 %	5 %	40 %	25 %
Schultergelenkversteifung, Schultergürtel frei	15 %	15 %	15 %	25 %	20 %	20 %	0 %	15 %	10 %
Schultergelenkversteifung, Schultergürtel eingeschränkt	20 %	15 %	20 %	30 %	25 %	25 %	0 %	20 %	10 %
Schultergelenk Bewegungseinschränkung, Arm bis Waagerechte	10 %	10 %	10 %	20 %	20 %	15 %	0 %	20 %	5 %
Ellenbogenversteifung 45°, Unterarmdrehung frei	10 %	15 %	15 %	15 %	20 %	15 %	0 %	20 %	10 %
Ellenbogenversteifung 90°, Unterarmdrehung frei	20 %	25 %	25 %	25 %	30 %	25 %	0 %	30 %	15 %
Ellenbogenversteifung, Streckstellung	30 %	40 %	35 %	35 %	40 %	40 %	5 %	40 %	25 %
Handgelenkversteifung, Funktionsstellung	10 %	10 %	20 %	15 %	20 %	20 %	0 %	20 %	5 %
Handgelenk, Bewegungseinschränkung geringgradig	0 %	5 %	10 %	10 %	5 %	10 %	0 %	10 %	10 %
Handgelenk, Bewegungseinschränkung hochgradig	10 %	10 %	20 %	20 %	20 %	20 %	0 %	20 %	15 %
Armplexuslähmung, komplett	60 %	70 %	70 %	70 %	70 %	80 %	10 %	70 %	50 %
Ellennervenlähmung, komplett	20 %	20 %	25 %	20 %	20 %	20 %	0 %	25 %	15 %
Speichennervenlähmung, komplett	20 %	20 %	30 %	20 %	25 %	25 %	0 %	25 %	15 %
Mittelnervenlähmung, komplett	25 %	25 %	30 %	30 %	30 %	30 %	0 %	30 %	20 %
Beinverlust im Hüftgelenk	80 %	60 %	60 %	80 %	60 %	90 %	10 %	70 %	40 %

Verletzungsfolge \ Tätigkeit	Beschaffung, Einkauf	Ernährung, Zubereitung, Vorratshaltung	Geschirrspülen	Putzen, Aufräumen, Raumreinigung	Wäscherei, Reinigung, Pflege, Instandhaltung	Gartenarbeit	Haushaltsführung, Planung	Betreuung Kinder u. andere HH-Angehörige	häusliche Kleinarbeit, Sonstiges
Oberschenkelverlust mittleres Drittel, prothesenfähig	60 %	40 %	40 %	60 %	40 %	70 %	0 %	50 %	30 %
Oberschenkelverlust mittleres Drittel, nicht prothesenfähig	80 %	60 %	60 %	80 %	60 %	90 %	0 %	65 %	40 %
Beinverlust im Kniegelenk, prothesenfähig	50 %	35 %	30 %	40 %	30 %	60 %	0 %	50 %	30 %
Unterschenkelverlust, prothesenfähig	40 %	30 %	25 %	35 %	25 %	50 %	0 %	40 %	25 %
Unterschenkelverlust, nicht prothesenfähig	60 %	50 %	50 %	60 %	45 %	70 %	5 %	60 %	30 %
Fußverlust, Stumpf belastbar	30 %	20 %	20 %	25 %	20 %	30 %	0 %	30 %	15 %
Hüftgelenkresektion, schmerzhafte Funktionsstörung	80 %	70 %	60 %	75 %	50 %	80 %	10 %	65 %	40 %
Hüftgelenktotalendoprothese, gute schmerzfreie Funktion	10 %	15 %	10 %	15 %	10 %	20 %	0 %	20 %	5 %
Hüftgelenktotalendoprothese, schmerzhafte Bewegungseinschränkung	25 %	25 %	20 %	30 %	25 %	40 %	0 %	35 %	20 %
Hüftgelenkversteifung, Funktionsstellung	20 %	20 %	10 %	30 %	25 %	30 %	0 %	25 %	10 %
Beinverkürzung 3 cm und mehr	20 %	10 %	10 %	20 %	10 %	25 %	0 %	20 %	10 %
Kniegelenkversteifung, günstige Stellung	10 %	10 %	10 %	30 %	10 %	20 %	0 %	20 %	10 %
Kniegelenk, Bewegungseinschränkung 0-0-90°	5 %	5 %	0 %	15 %	10 %	15 %	0 %	15 %	5 %
Kniegelenk, Bewegungseinschränkung 0-20-80°	15 %	10 %	15 %	25 %	10 %	25 %	0 %	20 %	10 %
Kniegelenkinstabilität, leicht	10 %	15 %	10 %	15 %	10 %	20 %	0 %	20 %	5 %
Kniegelenkinstabilität, Stützapparat notwendig	20 %	20 %	10 %	25 %	15 %	30 %	0 %	40 %	10 %
Oberes Sprunggelenk, Versteifung, Funktionsstellung	10 %	10 %	5 %	20 %	10 %	20 %	0 %	20 %	5 %
Oberes Sprunggelenk, Versteifung, Spitzfußstellung mehr als 20°	20 %	15 %	10 %	25 %	10 %	25 %	0 %	25 %	5 %
Unteres Sprunggelenk, Versteifung, Funktionsstellung	15 %	10 %	5 %	15 %	10 %	10 %	0 %	10 %	0 %
Oberes und unteres Sprunggelenk, Versteifung, Funktionsstellung	20 %	20 %	10 %	20 %	15 %	25 %	0 %	20 %	10 %
Oberes und unteres Sprunggelenk, Bewegungseinschränkung	30 %	25 %	15 %	25 %	20 %	30 %	0 %	30 %	10 %
Beinplexuslähmung, komplett	80 %	60 %	30 %	70 %	40 %	70 %	5 %	60 %	30 %
Ischiasnervenlähmung, komplett	50 %	40 %	30 %	50 %	40 %	60 %	5 %	50 %	20 %
Wadenbeinnervenlähmung, komplett	30 %	25 %	10 %	25 %	20 %	30 %	0 %	25 %	15 %
Schienbeinnervenlähmung, komplett	30 %	25 %	10 %	25 %	20 %	30 %	0 %	25 %	15 %

Anmerkungen

Die **Tabelle Dr. Reichenbach/Dr. Vogel** enthält als ausschließlich medizinische Aussage Einschätzungen der konkret sich auswirkenden Behinderung der Hausfrau in vorgegebenen Tätigkeitsbereichen des Haushaltes bei bestimmten Verletzungsfolgen, vorwiegend an Sinnesorganen und Gliedmaßen, deren funktionelle Auswirkungen abgrenzbar und definierbar sind. Die Einschätzungen stellen grundsätzliche Mittelwerte dar und beruhen, wie alle solche tabellarischen Aussagen, vor allem auf langjähriger versicherungsmedizinischer und unfallchirurgischer Erfahrung.

Verletzungsfolgen, die in der **Tabelle Dr. Reichenbach/Dr. Vogel** nicht enthalten sind (z. B. am Körperstamm, an Organen der Körperhöhlen und nach Gehirntraumen II. und höheren Grades usw.) sind im Einzelfall wertend zu beurteilen.

Die Schätzungen der konkret sich auswirkenden Behinderung der Folgen nach bestimmten oder unterschiedlichen Verletzungen sind nicht additionsfähig. Das Gleiche gilt in aller Regel für weiter gehende Rechenergebnisse auf Grund der prozentualen Verteilung der einzelnen Haushalttätigkeiten bei unterschiedlichen Haushaltstypen, für die die **Tabelle Dr. Reichenbach/Dr. Vogel** die Grundlage abgibt. Es sind sowohl Überlagerungen mit Ausgleich als auch mit verstärkter Behinderung möglich. Besonders bei Mehrfachverletzungen bedarf der Einzelfall der individuellen Beurteilung.

Bei der wertenden Beurteilung wurde davon ausgegangen, dass bei(m)

Beschaffung und Einkauf:
vor allem auch in Selbstbedienungseinrichtungen teilweise die Ware über Schulterhöhe gelagert ist;

Ernährung, Zubereitung, Vorratshaltung:
kein Aufzug vorhanden ist, der Transport auch schwerer Gegenstände (z. B. Träger für Getränke) über mindestens 1 Stockwerk erfolgt;

Geschirrspülen:
der Haushalt nicht mit einer Geschirrspülmaschine ausgestattet ist;

Wäscherei – Pflege, Instandhaltung:
eine Waschmaschine mit Schleuder, nicht aber ein Trockner vorhanden ist, die nasse Wäsche per Hand aufgehängt werden muss;

Gartenarbeit:
ein Nutzgarten mit Obst- und Gemüseanbau bewirtschaftet wird;

häusliche Kleinarbeiten/Sonstiges:
es sich um keine schweren körperlichen Tätigkeiten und solche um jeweils nur kurzer Dauer handelt.

---

* Die Tabelle einschl. der Anmerkungen ist entnommen aus: Ludwig, K.-H.: Schadenersatz bei verletzungsbedingtem Ausfall der Hausfrau ..., a. a. O. S. 408 ff.

Tabelle 6 a

Konkrete Behinderung (Ausfall) der Frau in der Hausarbeit bei ausgewählten Verletzungen in v.H. in verschiedenen Haushaltsgrößen und -typen (Rechenwerte)*

Haushaltsgröße und -typ / Verletzungsfolge	Frau nicht erwerbstätig									Frau erwerbstätig							
	1-PH	2-Pers.-Haush.		3-Pers.-Haush.		4-Pers.-Haush.		5 u. m. PH		1-PH	2-PH	3-Pers.-Haush.		4-Pers.-Haush.		5 u. m. PH	
	1	2	3	4	5	6	7	8	9	10	11	12	13	14	15	16	17
Hörverlust, einseitig	7	7	7	12	9	12	9	11	9	8	7	12	9	12	9	11	9
Hörverlust, beidseitig	21	20	21	44	28	44	30	41	31	23	22	45	29	42	29	41	29
Schwerhörigkeit, mittelgradig, beidseitig	10	9	9	22	14	21	14	20	15	11	11	22	14	21	14	20	14
Linsenverlust, einseitig, Kontaktlinse	0	0	0	0	0	0	0	0	0	0	0	0	0	0	0	0	0
Linsenverlust, beidseitig, Kontaktlinse/Starglas	14	14	14	15	14	15	14	15	15	14	14	15	14	15	15	15	15
Augenverlust, einseitig	8	8	8	9	8	9	8	9	9	7	8	9	8	9	8	9	9
Augenverlust, beidseitig	96	96	96	94	96	94	95	94	95	96	96	94	95	94	95	94	95
Hirntrauma I. Grades, Commotio cerebri	0	0	0	0	0	0	0	0	0	0	0	0	0	0	0	0	0
Wirbelsäulenverletzung, stabil verheilt	7	7	8	8	8	8	8	8	8	7	7	8	7	8	7	8	8
Wirbelsäulenverletzung, instabil verheilt	21	21	22	25	22	25	23	24	22	20	21	24	22	24	22	24	22
Querschnittslähmung, komplett, Tetraplegie	97	97	98	95	96	95	97	94	96	96	97	94	96	94	95	95	97
Querschnittslähmung, komplett, Paraplegie, rollstuhlfähig	77	77	78	78	76	78	77	76	76	75	77	77	77	77	75	77	77
Oberarmverlust, prothesenfähig	56	57	57	58	56	57	57	57	56	53	56	57	56	56	56	57	57
Oberarmverlust, nicht prothesenfähig	65	66	66	67	65	67	67	66	66	63	65	67	65	66	65	67	66
Unterarmverlust, prothesenfähig	48	49	50	45	47	45	48	45	47	46	48	45	47	45	47	46	48
Unterarmverlust, nicht prothesenfähig	57	58	58	55	56	55	57	54	56	55	57	54	56	54	56	55	57
Handverlust, prothesenfähig	48	49	49	49	47	49	49	48	48	46	48	48	48	48	48	49	49
Daumenverlust	18	18	18	19	18	19	18	18	18	17	18	19	18	18	18	19	18
Zeigefingerverlust	9	9	10	10	9	10	10	10	9	9	9	10	9	10	9	10	10
Verlust aller langgliedrigen Finger einer Hand	39	40	40	39	38	39	40	39	39	37	39	39	39	39	38	39	39
Schultergelenkversteifung, Schultergürtel frei	17	17	17	16	17	16	17	16	17	16	16	16	17	16	16	16	17
Schultergelenkversteifung, Schultergürtel eingeschränkt	20	21	21	20	20	20	21	20	20	20	20	20	20	20	20	20	20
Schultergelenk, Bewegungseinschränkung, Arm bis Waagerechte	13	14	14	16	14	16	15	16	15	13	13	16	14	15	14	16	14
Ellenbogenversteifung 45°, Unterarmdrehung frei	14	15	15	17	15	16	15	16	15	13	14	16	15	16	15	16	15
Ellenbogenversteifung 90°, Unterarmdrehung frei	23	24	24	26	24	26	25	26	25	22	23	26	24	25	24	26	25
Ellenbogenversteifung, Streckstellung	35	35	36	37	35	37	36	36	36	33	35	37	35	36	35	37	36
Handgelenkversteifung, Funktionsstellung	14	14	15	16	14	16	15	16	15	13	14	16	15	16	15	16	15
Handgelenk, Bewegungseinschränkung, geringgradig	6	6	6	7	6	8	7	7	6	6	6	7	6	7	6	7	6
Handgelenk, Bewegungseinschränkung, hochgradig	15	15	15	17	15	17	16	17	16	14	15	16	15	16	15	16	16
Armplexuslähmung, komplett	65	66	66	67	65	67	67	66	66	63	65	67	65	66	65	67	66
Ellennervenlähmung, komplett	19	19	20	22	20	22	20	21	20	19	19	21	20	21	20	21	20
Speichennervenlähmung, komplett	21	21	21	23	21	22	22	22	21	20	21	22	21	22	21	22	22
Mittelnervenlähmung, komplett	26	26	27	28	26	28	27	27	27	25	26	27	26	27	26	27	27
Beinverlust im Hüftgelenk	66	65	67	67	66	67	67	66	65	64	65	67	66	66	64	67	66
Oberschenkelverlust, mittleres Drittel, prothesenfähig	47	46	47	48	46	48	47	46	45	45	46	47	46	46	45	47	47
Oberschenkelverlust, mittleres Drittel, nicht prothesenfähig	65	65	66	65	64	65	66	63	63	63	65	64	64	63	63	65	65
Beinverlust im Kniegelenk, prothesenfähig	37	37	38	42	38	42	39	40	38	36	37	42	38	40	37	41	38
Unterschenkelverlust, prothesenfähig	31	31	32	34	32	34	32	33	31	30	31	34	32	33	31	34	32
Unterschenkelverlust, nicht prothesenfähig	51	51	52	54	52	55	53	53	51	49	51	54	52	53	51	54	52

Haushaltsgröße und -typ	Frau nicht erwerbstätig									Frau erwerbstätig							
	1-PH	2-Pers.-Haush.		3-Pers.-Haush.		4-Pers.-Haush.		5 u. m. PH		1-PH	2-PH	3-Pers.-Haush.		4-Pers.-Haush.		5 u. m. PH	
Verletzungsfolge	1	2	3	4	5	6	7	8	9	10	11	12	13	14	15	16	17
Fußverlust, Stumpf belastbar	22	22	22	25	23	25	23	24	23	22	22	25	23	24	22	25	23
Hüftgelenkresektion, schmerzhafte Funktionsstörung	64	64	65	65	64	65	66	63	63	63	65	65	64	64	63	65	65
Hüftgelenktotalendoprothese, gute, schmerzfreie Funktion	13	13	13	15	13	15	14	15	14	12	13	15	13	15	13	15	13
Hüftgelenktotalendoprothese, schmerzhafte Bewegungseinschränkung	25	25	26	29	26	29	27	28	26	24	25	29	26	28	26	28	26
Hüftgelenkversteifung, Funktionsstellung	21	21	22	23	21	23	22	22	22	20	21	22	22	22	21	22	22
Beinverkürzung, 3 cm und mehr	14	14	14	16	15	16	15	16	14	14	14	16	15	16	14	16	15
Kniegelenkversteifung, günstige Stellung	14	14	14	17	15	17	15	16	15	14	14	16	14	16	14	16	15
Kniegelenk, Bewegungseinschränkung 0-0-90°	8	8	8	11	9	11	9	10	9	8	8	10	9	10	9	10	9
Kniegelenk, Bewegungseinschränkung 0-20-80°	15	15	15	17	15	17	16	16	15	14	15	16	15	16	15	16	15
Kniegelenkinstabilität, leicht	13	13	13	15	13	15	14	15	14	12	13	15	13	15	13	15	13
Kniegelenkinstabilität, Stützapparat erforderlich	19	19	20	27	21	27	22	26	22	19	20	27	22	26	21	26	22
Oberes Sprunggelenk, Versteifung, Funktionsstellung	12	12	12	15	13	15	13	14	13	11	12	15	13	14	12	14	13
Oberes Sprunggelenk, Versteifung, Spitzfußstellung mehr als 20°	16	16	17	20	17	20	18	19	17	16	16	19	17	19	17	19	17
Unteres Sprunggelenk, Versteifung, Funktionsstellung	10	10	11	10	10	10	11	10	10	10	10	10	10	10	10	10	11
Oberes und unteres Sprunggelenk, Versteifung, Funktionsstellung	17	17	18	18	17	18	18	18	17	17	17	18	18	18	17	18	18
Oberes und unteres Sprunggelenk, Bewegungseinschränkung	23	23	23	26	23	26	24	25	24	22	23	26	24	25	23	25	24
Beinplexuslähmung, komplett	56	55	56	58	56	58	57	56	55	55	56	57	56	56	54	57	56
Ischiasnervenlähmung, komplett	42	42	43	45	42	45	43	44	42	40	42	45	42	43	41	44	43
Wadenbeinnervenlähmung, komplett	22	22	23	23	22	23	23	23	22	22	22	23	23	23	22	23	23
Schienbeinnervenlähmung, komplett	22	22	23	23	22	23	23	23	22	22	22	23	23	23	22	23	23

* Vgl. im Einzelnen: Tabelle der Verletzungsfolgen für einzelne Haushaltstätigkeiten (Tabelle 6).
Vgl. zu den Haushaltstypen Tabelle 8 und zur Arbeitsverteilung im Haushalt Tabelle 9.

Die Rechenwerte sind wie folgt ermittelt

Beispiel: Hörverlust, beidseitig

Tätigkeitsbereiche	Verteilung der Arbeitszeit der Frau in v. H. gemessen an ihrer eigenen Hausarbeitszeit		Verletzungsfolge in v. H. (vgl. Tab. 6)	Konkrete Behinderung in der Hausarbeit in v. H.	
	Typ 2	Typ 6		Typ 2	Typ 6
(1)	(2)	(3)	(4)	(5) = (2) x (4)	(6) = (3) x (4)
Einkaufen	12	9	50	6,0	4,5
Ernährung	23	16	20	4,6	3,2
Geschirrreinigung	9	5	10	0,9	0,5
Reinigung Haus/Wohnung	18	13	10	1,8	1,3
Wäschepflege	18	9	10	1,8	0,9
Gartenarbeit	8	3	5	0,4	0,2
Haushaltsführung/ Organisation	6	3	25	1,5	0,8
Pflege/ Betreuung von Personen	4	40	80	3,2	32,0
Sonstiges (häusl. Kleinarbeit usw.)	2	2	10	0,2	0,2
	100	100		20,4	43,6
	Konkrete Behinderung im Haushalt =			20 %	44 %

Tabelle 7

Tabelle der Grundvergütungen (BAT) (ab 01. 04. 1999)

Verg.-gruppe	Grundvergütungen der Lebensaltersstufe nach vollendetem															Tarifklasse Ortszuschl.
	21.	23.	25.	27.	29.	31.	33.	35.	37.	39.	41.	43.	45.	47.	49.	
	Lebensjahr (in DM/Monat)															
IV a	3159,15	3315,84	3472,49	3629,14	3785,81	3942,47	4099,13	4255,80	4412,49	4569,15	4725,82	4882,52	5037,00			I c
IV b	2888,54	3012,86	3137,10	3261,39	3385,61	3509,91	3634,18	3758,47	3882,75	4007,00	4131,30	4255,56	4272,09			
V a	2554,14	2652,59	2751,02	2857,39	2966,61	3075,89	3185,17	3294,42	3403,71	3512,96	3622,24	3731,50	3833,01			
V b	2554,14	2652,59	2751,02	2857,39	2966,61	3075,89	3185,17	3294,42	3403,71	3512,96	3622,24	3731,50	3739,08			
V c	2414,38	2503,11	2591,95	2685,13	2778,32	2875,44	2978,80	3082,27	3185,64	3289,04	3391,11					II
VI a	2286,37	2354,96	2423,49	2492,09	2560,60	2631,22	2703,22	2775,21	2848,48	2928,41	3008,28	3088,23	3168,10	3248,06	3316,57	
VI b	2286,37	2354,96	2423,49	2492,09	2560,60	2631,22	2703,22	2775,21	2848,48	2928,41	3008,28	3070,82				
VII	2118,16	2173,83	2229,54	2285,21	2340,92	2396,59	2452,26	2508,00	2563,66	2620,86	2679,37	2721,58				
VIII	1959,50	2010,39	2061,37	2112,27	2163,22	2214,14	2265,12	2316,03	2366,97	2404,81						
IX a	1895,37	1946,04	1996,68	2047,32	2097,94	2148,57	2199,18	2249,83	2300,32							
IX b	1824,33	1870,57	1916,75	1962,95	2009,16	2055,39	2101,60	2147,79	2186,87							
X	1694,01	1740,22	1786,47	1832,65	1878,87	1925,06	1971,27	2017,51	2063,68							

Ortszuschlag
(in DM/Monat)

Tarifklasse	Stufe 1
I c	900,56
II	848,28

Für die Monate Januar – März 1999 gibt es eine Einmalzahlung in Höhe vom 300,00 DM. Im Bereich des BAT-O beträgt sie 86,5 % davon.

Überstundenvergütungen

Verg.-Gruppe	Überstundenvergütung DM
IV a	34,73
IV b	31,97
V a,b	30,83
V c	29,33
VI a,b	27,23
VII	25,55
VIII	23,99
IX a	23,11
IX b	22,69
X	21,54

Errechnung der Gesamtvergütung

I. Tarifliche Arbeitszeit = 38,5 Std./Woche + ggf. Überstunden

  1) Grundvergütung
  2) + Zulage für Angestellte (Verg.-Gruppe X – VIII = 163,08 DM; VII – Vc = 192,61 DM; Vb – IVa = 205,45 DM)
  3) + Ortszuschlag

  4) = Zwischensumme
  5) + ggf. ... Überstunden/Woche x Überstundenvergütung x 4 348

  6) = Zwischensumme
  7) + Arbeitgeberanteil zur Sozialversicherung*

  8) = Vergütung insgesamt DM/Monat

II. Geringere als tarifliche Arbeitszeit
  1) – 4) wie bei I.
  5) = Zwischensumme (4) x $\frac{\text{... Std. Arbeitszeit/Woche}}{\text{tarifliche Arbeitszeit/Woche}}$

  6) = Zwischensumme
  7) + Arbeitgeberanteil zur Sozialversicherung*

  8) = Vergütung insgesamt DM/Monat

* Vgl. im Einzelnen Tabelle 5, Fußnote „Sozialversicherung". Beitragssätze für Arbeitnehmer u. Arbeitgeber insg. lt. AOK Niedersachsen: Krankenversicherung = 14,1 % (ab 01. 08. 1999 = 13,8 %); Pflegeversicherung = 1,7 %; Rentenversicherung = 19,5 % (ab 01. 01. 2000 = 19,3 %); Arbeitslosenversicherung = 6,5 %.
Weiterhin sind zu zahlen: Urlaubsgeld: Verg.-Gr. X – Vc = 650,– DM; Vb – IVa = 500,– DM. Weihnachtszuwendung: 89,62 % der Gesamtvergütung (I.8 bzw. II.8. Grundlage ist die Septembervergütung).

Vgl.: Gemeinsames Ministerialblatt Hrsg. Bundesmin. d. Innern. Bonn. Nr. 16 v. 27. 05. 1999, S. 310 ff.

Tabelle 7 a

Tabelle der Grundvergütungen (BAT-O) (ab 01. 04. 1999)

Verg.-gruppe	\multicolumn{15}{c	}{Grundvergütungen der Lebensaltersstufe nach vollendetem Lebensjahr (in DM/Monat)}	Tarifklasse Ortszuschl.
	21.	23.	25.	27.	29.	31.	33.	35.	37.	39.	41.	43.	45.	47.	49.	
IV a	2732,66	2868,20	3003,70	3139,21	3274,73	3410,24	3545,75	3681,27	3816,80	3952,31	4087,83	4223,38	4357,01			I c
IV b	2498,59	2606,12	2713,59	2821,10	2928,55	3036,07	3143,57	3251,08	3358,58	3466,06	3573,57	3681,06	3695,36			
V a	2209,33	2294,49	2379,63	2471,64	2566,12	2660,64	2755,17	2849,67	2944,21	3038,71	3133,24	3227,75	3315,55			
V b	2209,33	2294,49	2379,63	2471,64	2566,12	2660,64	2755,17	2849,67	2944,21	3038,71	3133,24	3227,75	3234,30			
V c	2088,44	2165,19	2242,04	2322,64	2403,25	2487,26	2576,66	2666,16	2755,58	2845,02	2933,31					II
VI a	1977,71	2037,04	2096,32	2155,66	2214,92	2276,01	2338,29	2400,56	2463,94	2533,07	2602,16	2671,32	2740,41	2809,57	2868,83	
VI b	1977,71	2037,04	2096,32	2155,66	2214,92	2276,01	2338,29	2400,56	2463,94	2533,07	2602,16	2656,26				
VII	1832,21	1880,36	1928,55	1976,71	2024,90	2073,05	2121,20	2169,42	2217,57	2267,04	2317,66	2354,17				
VIII	1694,97	1738,99	1783,09	1827,11	1871,19	1915,23	1959,33	2003,37	2047,43	2080,16						
IX a	1639,50	1683,32	1727,13	1770,93	1814,72	1858,51	1902,29	1946,10	1989,78							
IX b	1578,05	1618,04	1657,99	1697,95	1737,92	1777,91	1817,88	1857,84	1891,64							
X	1465,32	1505,29	1545,30	1585,24	1625,22	1665,18	1705,15	1745,15	1785,08							

Ortszuschlag
(in DM/Monat)

Tarifklasse	Stufe 1
I c	778,98
II	733,76

In den neuen Bundesländern sind ab 01. 09. 1998 86,5 % der BAT-Vergütung zu zahlen. Die tarifliche Arbeitszeit beträgt 40 Std./Woche.

Für die Monate Januar – März 1999 gibt es im Bereich des BAT-O eine Einmalzahlung in Höhe von 86,5 % von 300 DM (= 259,50 DM).

Vgl.: Gemeinsames Ministerialblatt Hrsg. Bundesmin. d. Innern. Bonn. Nr. 16 v. 27. 05. 1999, S. 310 ff.

Überstundenvergütungen

Verg.-Gruppe	Überstundenvergütung DM
IV a	28,90
IV b	26,61
V a,b	25,66
V c	24,41
VI a,b	22,65
VII	21,26
VIII	19,96
IX a	19,24
IX b	18,88
X	17,93

Errechnung der Gesamtvergütung

I. Tarifliche Arbeitszeit = 40 Std./Woche + ggf. Überstunden

  1) Grundvergütung
  2) + Zulage für Angestellte (Verg.-Gruppe XI – VIII = 141,06 DM; VII – Vc = 166,61 DM; Vb – IVa = 177,71 DM)
  3) + Ortszuschlag

  4) = Zwischensumme
  5) + ggf. ... Überstunden/Woche x Überstundenvergütung x 4 348

  6) = Zwischensumme
  7) + Arbeitgeberanteil zur Sozialversicherung*

  8) = Vergütung insgesamt DM/Monat

II. Geringere als tarifliche Arbeitszeit
  1) – 4) wie bei I.
  5) = Zwischensumme (4) x $\dfrac{\text{... Std. Arbeitszeit/Woche}}{\text{tarifliche Arbeitszeit/Woche}}$

  6) = Zwischensumme
  7) + Arbeitgeberanteil zur Sozialversicherung*

  8) = Vergütung insgesamt DM/Monat

* Vgl. im Einzelnen Tabelle 5 b, Fußnote „Sozialversicherung". Beitragssätze für Arbeitnehmer u. Arbeitgeber insg. lt. AOK Brandenburg: Krankenversicherung = 14,5 %; Pflegeversicherung = 1,7 %; Rentenversicherung = 19,5 % (ab 01. 01. 2000 = 19,3 %); Arbeitslosenversicherung = 6,5 %.
Weiterhin sind zu zahlen: Urlaubsgeld: 500 DM. Weihnachtszuwendung: 89,62 % der Gesamtvergütung (I.8 bzw. II.8. Grundlage ist die Septembervergütung).

Tabelle 8

Arbeitszeitaufwand im Haushalt in Std./Woche insgesamt und seine Verteilung auf die Haushaltspersonen absolut und in v.H.*

(Ehe)frau nicht erwerbstätig

Nr.	Haushaltstyp	Haushalt insgesamt absolut	davon (Ehe)frau absolut	v. H.	(Ehe)mann absolut	v. H.	übr. Personen absolut	v. H.
1	1 PH (Rentnerin 60 J. u. älter)	36,6	36,6	100,0	–	–	–	–
2	2 PH (ohne Kind)	64,4	39,7	61,6	24,7	38,5	–	–
3	2 PH (60 J. u. älter)	65,0	40,5	62,3	24,5	37,7	–	–
4	3 PH (Kind unter 6 J.)	75,5	53,9	71,4	21,6	28,6	–	–
5	3 PH (Kind 6 bis unter 18 J.)	71,6	47,8	66,8	16,3	22,8	7,5	10,5
6	4 PH (j. Kind unter 6 J.)	90,4	61,0	67,5	23,5	26,0	5,9	6,5
7	4 PH (j. Kind 6 bis unter 18 J.)	74,4	48,2	64,8	18,1	24,3	8,1	10,9
8	5 u. m. PH (j. Kind unter 6 J.)	99,4	64,8	65,2	23,4	23,5	11,2	11,3
9	5 u. m. PH (j. Ki. 6 bis unt. 18 J.)	75,7	55,9	73,8	11,0	14,5	8,8	11,6

(Ehe)frau erwerbstätig

Nr.	Haushaltstyp	Haushalt insgesamt absolut	(Ehe)frau absolut	v. H.	(Ehe)mann absolut	v. H.	übr. Personen absolut	v. H.
10	1 PH Alleinstehende Frau	21,7	21,7	100,0	–	–	–	–
11	2 PH (ohne Kind)	43,7	27,1	62,0	16,6	38,0	–	–
12	3 PH (Kind unter 6 J.)	56,8	42,1	74,1	14,7	25,9	–	–
13	3 PH (Kind 6 bis unter 18 J.)	56,0	31,4	56,1	16,3	29,1	8,3	14,8
14	4 PH (j. Kind unter 6 J.)	73,6	44,9	61,0	22,5	30,6	6,2	8,4
15	4 PH (j. Kind 6 bis unter 18 J.)	58,1	34,1	58,7	14,2	24,4	9,8	16,9
16	5 u. m. PH (j. Kind unter 6 J.)	79,4	46,1	58,1	21,3	26,8	12,0	15,1
17	5 u. m. PH (j. Ki. 6 bis unt. 18 J.)	64,2	40,7	63,4	14,0	21,8	9,5	14,8

* Quelle: Statistisches Bundesamt, Zeitbudgeterhebung 1991/92; Sonderauswertung; eigene Berechnungen.

Tabelle 9

Verteilung der Hausarbeitszeit der (Ehe)frau auf die Tätigkeitsbereiche in verschiedenen Haushaltstypen in v. H.

(Ehe)frau nicht erwerbstätig

Haushaltsgröße	1-PH	2-Pers.-HH		3-Pers.-HH		4-Pers.-HH		5 u. m. Pers.-HH	
Haushaltstyp	1	2	3	4	5	6	7	8	9
Besetzung	394	114	119	85	120	191	232	186	108
Arbeitszeit Std./Wo	36,6	39,7	40,5	53,9	47,8	61,0	48,2	64,8	55,9
Tätigkeitsbereiche	Verteilung der Arbeitszeit in v.H.								
Einkaufen	14	12	13	9	13	9	13	8	10
Ernährung	23	23	24	16	22	16	22	16	22
Geschirrreinigung	8	9	8	5	7	5	7	5	6
Reinigung Haus/Wohnung	18	18	18	13	18	13	18	13	15
Wäschepflege	15	18	18	11	12	9	14	12	17
Gartenarbeit	9	8	9	1	5	3	4	2	3
Haushaltsführung/ Organisation	7	6	5	3	6	3	4	5	6
Pflege/Betreuung von Personen	4	4	4	41	14	40	17	37	20
Sonstiges (häusl. Kleinarbeiten)	2	2	1	1	3	2	1	2	1
Insgesamt	100	100	100	100	100	100	100	100	100

(Ehe)frau erwerbstätig

Haushaltsgröße	1-PH	2-PH	3-Pers.-HH		4-Pers.-HH		5 u. m. Pers.-HH	
Haushaltstyp	10	11	12	13	14	15	16	17
Besetzung	390	510	159	309	277	351	181	131
Arbeitszeit Std./Wo	21,7	27,1	42,1	31,4	44,9	34,1	46,1	40,7
Tätigkeitsbereiche	Verteilung der Arbeitszeit in v.H.							
Einkaufen	18	15	11	14	10	11	10	13
Ernährung	21	24	16	22	16	22	17	23
Geschirrreinigung	7	8	5	7	6	8	6	7
Reinigung Haus/Wohnung	18	17	10	15	11	15	12	16
Wäschepflege	14	15	10	15	11	15	11	16
Gartenarbeit	5	7	2	5	2	4	3	3
Haushaltsführung/ Organisation	9	6	4	6	5	7	4	4
Pflege/Betreuung von Personen	4	5	41	15	37	16	36	16
Sonstiges (häusl. Kleinarbeiten)	4	3	1	1	2	2	1	2
Insgesamt	100	100	100	100	100	100	100	100

Tabelle 10

Tägliche Zeitverwendung der Haushaltsangehörigen

Bitte die Zeitverwendung jeder Haushaltsperson mit Beginn und Ende der jeweiligen Tätigkeit aufschreiben.

z. B.: Herr: .... Datum: Montag 00.00.00	Uhrzeit von		Uhrzeit bis		Frei für Auswertung		
Tätigkeit **(Beispiel)**	Std.	Min.	Std.	Min.	Gruppe	Minuten	Bemerkungen
Körperpflege	06	30	07	00			
Frühstücken	07	00	07	30			
Weg zur Arbeit	07	30	08	00			
Erwerbsarbeit	08	00	16	60			
Heimfahrt, Einkäufe	16	30	17	45			
Pause	17	45	18	00			
Hilfe bei Schularbeiten	18	00	18	30			
Abendbrot essen	18	30	19	00			
Gartenarbeit	19	00	19	45			
Freizeit	19	45	22	00			
Frau:							
Körperpflege	06	15	06	45			
Frühstück machen	06	45	07	00			
Frühstücken	07	00	07	30			
Aufräumen, Spülen	07	30	08	15			
Reinigung Wohnung	08	15	09	00			
Vorbereitung Wäsche	09	00	09	15			
Einkaufen	09	15	11	15			
Telefonate (Behörden)	11	15	11	45			
Pause	11	45	12	00			
Mittagessen machen	12	00	12	30			
usw.							

noch Tabelle 10

Person:	Uhrzeit				Frei für Auswertung		
Datum:	von		bis				
Tätigkeit	Std.	Min.	Std.	Min.	Gruppe	Minuten	Bemerkungen

Tabelle 11

Rechentabelle:	**Totalausfall in der Haushaltsführung (Anspruch Dritter)**										
Haushaltstyp:											
Lfd.-Nr.	Zeitraum		Zeitbedarf	Mithilfe	Ersatz-Zeit	BAT	Ersatzkraft-Vergütung (keine Ersatzkraft)				
							Brutto	Abzüge		Netto	Netto DM Abzüge
	vom	bis	Std./Woche	Std./Woche	Std./Woche		DM/Monat	DM/Monat	v. H.	DM/Monat	30 v. H.
1	2	3	4	5	6	7	8	9	10	11	12

Tabelle 12

Rechentabelle:	**Teil-/Totalausfall in der Haushaltsführung (Eigener Anspruch)**									
Haushaltstyp:										
Lfd.-Nr.	Zeitraum		MdE	Ausfall	BAT	Ersatzkraft-Vergütung (keine Ersatzkraft eingestellt)				
	vom	bis	v. H.	Std./Woche		Brutto	Abzüge		Netto	Netto DM Abzüge
						DM/Monat	DM/Monat	v. H.	DM/Monat	30 v. H.
1	2	3	4	5	6	7	8	9	10	11